Mosaik bei
GOLDMANN

Buch

Sie leben wie immer und haben Handys, tragen Jeans, lieben Männer und schätzen Sex. Sie arbeiten gern, sehen ihren Kindern beim Erwachsenwerden zu, und die altbackenen Meinungen ihrer Eltern gingen ihnen schon immer auf die Nerven – solche Alten wollten sie nie werden. Die Frauen, die heute fünfzig sind, führten ein völlig anderes Leben, als es noch ihre Mütter taten – täglich müssen sie sich neu erfinden, denn ein aktuelles und zeitgemäßes Rollenverständnis für die Generation Fünfzig-plus gibt es nicht.

Mit diesem Buch hilft Vera Sandberg Frauen im besten Alter, eine neue Vorstellung von sich und ihrem Leben zu entwerfen und auch beim Älterwerden cool zu bleiben.

Autorin

Vera Sandberg, geboren 1952 in Berlin, hat in Leipzig Journalistik studiert und war jahrelang Redakteurin bei einer Tageszeitung. Seit 1990 ist sie als Autorin für die »Brigitte« tätig und hat mehrere Bücher geschrieben. Vera Sandberg ist Mutter von zwei inzwischen erwachsenen Kindern und lebt heute wieder in ihrer Heimatstadt Berlin.

Von Vera Sandberg außerdem bei Mosaik bei Goldmann

So finde ich meinen Stil (16866)

Jetzt denk ich mal an mich! (HC 39082)

Vera Sandberg

Cool bleiben

Der neue Plan
vom Älterwerden

Mosaik bei
GOLDMANN

Die Ratschläge in diesem Buch wurden von den Autoren und vom Verlag sorgfältig erwogen und geprüft, dennoch kann eine Garantie nicht übernommen werden. Jegliche Haftung der Autoren bzw. des Verlags und seiner Beauftragten für Personen-, Sach- und Vermögensschäden ist ausgeschlossen.

FSC
Mix
Produktgruppe aus vorbildlich bewirtschafteten Wäldern und anderen kontrollierten Herkünften

Zert.-Nr. SGS-COC-1940
www.fsc.org

Verlagsgruppe Random House FSC-DEU-0100
Das für dieses Buch verwendete FSC-zertifizierte Papier *Munken Print* liefert Arctic Paper Munkedals AB, Schweden.

1. Auflage
Originalausgabe Januar 2007

Umschlaggestaltung: Design Team München
Umschlagmotiv: Getty Images
Redaktion: Susanne Lötscher
Satz: Buch-Werkstatt, Bad Aibling
Druck und Bindung: GGP Media GmbH, Pößneck
WR · Herstellung: Han
Printed in Germany
ISBN 978-3-442-16852-1

www.goldmann-verlag.de

Inhalt

Job: Mit Erfahrung wuchern

Gesundheit: So bleiben wir fit

Familie: Nie war sie wichtiger

Wohnen: bei uns zu Hause

Schönheit: Wir werden immer schöner

Vorweg

»Jedes Jahr überschreiten Millionen Frauen die Fünfzig. Und niemals sahen wir besser aus.«

Nancy Friday

Älter und cooler werden

Schauen wir uns die Nachrichten aus der schönen neuen Welt des Älterwerdens an, begreifen wir sofort, dass sich etwas ändern wird: Fast 30 Millionen Deutsche, also fast ein Drittel der Gesamtbevölkerung, sind über 50. Zweieinhalb Millionen Frauen sind zwischen 50 und 55. Wir steuern auf eine Gesellschaft zu, in der die Hälfte der Menschen über 50 Jahre alt sein wird.

Davor haben viele Angst. Warum? Weil sie fürchten, an uns nicht vorbeizukommen? Weil sie sich sorgen, unsere Renten nicht mehr aufbringen zu können? Angst vor zahnlosen Greisen im Rollstuhl wird es wohl kaum sein. Es ist Angst um sich selbst, um die *eigene* Rolle in der demografischen Verschiebung.

Offenbar stellen sich die Überbringer der Schreckensbotschaften vor, dass Alte immer auf dieselbe furchtbare Weise alt werden: verschrumpelt an Geist und Gliedern, erstarrt in Kopf und Rückgrat, nur noch Pflegefall und Kostenfaktor und eine moralische und materielle Zumutung für die anderen.

Diese Diskussion geht an der Wirklichkeit vorbei. Die Grenze, ab wann man alt ist, verschiebt sich nach oben: 60

bis 65 ist noch lange nicht alt. Im medizinischen Sinn ist man erst alt, wenn altersbedingte körperliche und geistige Beschwerden das tägliche Leben beeinträchtigen. Richtig alt ist man, wenn über die Hälfte des eigenen Jahrgangs verstorben ist.

Die Vergreisungs-Szenarien lassen auch Folgendes unberücksichtigt: Älterwerden ist heute ein sehr individueller Prozess. Bildung und andere soziale Faktoren haben viel mehr mit der Lebensqualität und geistigen und körperlichen Ressourcen zu tun als das Geburtsdatum.

Offenbar wird da etwas verwechselt: Altsein ist kein kollektives Schicksal, und Jungsein wiederum ist längst nicht so individuell und bunt, wie es gern dargestellt wird. Jungsein heißt für sehr viele, sich einem Sog zu ergeben: In-sein-Müssen, Mithalten-Müssen, Dazu-gehören-Wollen. Das hat eine gewisse, auch sichtbare, Uniformität zur Folge. Im Alter hingegen driften Möglichkeiten viel stärker auseinander – je nach Bildungsstand, Einkommen und Gesundheit. Das Alter ist die Lebensphase der Individualität. Die heute 50- bis 70-Jährigen nehmen nicht an Kränzchen teil, sondern am Leben.

Seit 1968 hören die Leute auf, alt zu werden. Sie leben nicht mehr das Alter ihrer Altersgruppe, sondern das, was sie sich aussuchen. Sie sind »Alters-Chamäleons«. Viele Namen gibt es für diese schwer zu fassende Spezies der Nicht-Alten: Best Ager, Selpies, das heißt: second life people. Grumpies: grownup mature people. Woopies: well off old people. Master Consumer. Und alle zusammen nennt man auch: Winning Generation.

Und was heißt das alles für uns, die wir über 50 sind? Klare Antwort: *Fünfzig sein ist cool.* Ein bisschen anstrengend mag es vielleicht sein, aber es ist ein spannender Job geworden, das Bild von uns Fiftys neu zu entwerfen – einfach durch unser Da-Sein. Das kreative Potenzial dazu haben wir: Als Junge waren wir die Ersten, die die Pille hatten und die Liebe von starrer Moral befreit haben. Mit Minirock und ohne BH haben wir eine neue Weiblichkeit geschaffen. Frech, offensiv und gierig auf Glück. Wir sind natürlich zigmal gestolpert – denn unser Weg war nicht breit getrampelt. Die Alten haben den Kopf geschüttelt. Und haben jeden zweiten Satz mit »Damals bei uns …« angefangen. Das fanden wir doof und lernten deshalb daraus: Das machen wir nie!

Wir haben Familien gegründet, sind verdammt nah ans Mütter-Klischee geraten, das wir eigentlich verabscheut hatten, haben uns vielleicht scheiden lassen und eventuell wieder geheiratet. Zumindest eine Freundin hat es getan. Unsere Kinder sind groß. Sie opponieren viel weniger als wir und meistens *nicht* gegen uns. Denn insgeheim oder offen gestanden finden sie uns: cool. Und sie fragen sich, ob sie das jemals hinkriegen: Jobs gut zu machen und dabei ein Kind großzuziehen und dabei noch toll auszusehen.

Zu unserem Plan vom Älterwerden gehört die Jugend, die wir hatten: Wir haben den entscheidenden Umbruch geprägt, der die Welt bunter und jünger gemacht hat. Die sexuelle Revolution, mehr Demokratie, Rock 'n' Roll – das war unser Werk. Der Jugendwahn, von uns selbst erfunden – jetzt ist er ein Auslaufmodell. Jetzt sind wir die »über Dreißig« und weder moralisch verschlissen noch verknöchert oder dogmatisch. Uns muss man nicht bekämpfen, aber das tut ohnehin keiner, denn wir kämpfen mit uns selbst. Wir überprüfen, was noch gilt, wo wir uns umstellen müssen, was wir mit den Jungen gemeinsam haben und wo wir einfach besser drauf sind.

Aber jetzt organisieren wir erst mal unser Älterwerden. Das ist kompliziert genug, und die heute 35-Jährigen werden bestimmt die Nutznießer sein, eines Tages, wenn sie 50 werden. Wir werden dann 70plus sein. Und wer weiß, was uns dann einfällt. Wahrscheinlich arbeiten wir dann noch, weil unsere Rente nicht reicht und unsere Firmen uns zurückrufen, um die lichten Reihen des Fachkräfte-Nachwuchses zu füllen. Wer schlau ist, stellt sich heute schon gut mit uns und vergisst ganz schnell die Medien-Märchen von der grauen Übermacht, die die Kohle hortet und mit dem Krückstock Fußgängerzonen unsicher macht.

Unser ungenierter Stil-Mix aus Ältergeworden- und Junggebliebensein wundert uns manchmal selbst. Dabei ist es doch klar: Eine Generation, die das Jungsein einst neu erfunden und das erstarrte Alte ausrangiert hat, wird auch anders alt als die Alten von damals.

Selbst die Biologie unterwirft sich in Maßen unserem Länger-Jungsein. Mit 60 sehen wir heute aus wie früher die Fünfzigjährigen, mit 50 joggen wir durch den Park, und mit 40 bekommen wir Babys, wenn wir denn wollen. Und mit 52 kommt der jüngere Lover ins Spiel, der genießt, wie locker und genussfähig wir sind.

Auch rein rechnerisch spricht viel dafür, dass wir Fünfziger im Zentrum des Lebens stehen: Wer die 90 locker erreichen kann, hat mit 50 erst etwas mehr als den halben Weg hinter sich. Von jetzt an nur noch alt zu sein, ist einfach undenkbar.

Wir joggen mit MP3-Playern wie die Jungen, nur haben wir mehr Zeit für Fitness und Wellness. Die Kinder sind aus dem Haus, und Karrierezwang gibt es auch nicht.

Älterwerden ist spannend geworden, weil alles zugleich möglich ist. Das Geschaffene genießen und noch einmal etwas ganz anderes machen. Jung aussehen und auf irre viele Erfahrungen zugreifen. Eine Ehe verlassen und sich allein wohlfühlen. Einen jüngeren Mann nehmen und mit dem alten befreundet bleiben. Es gibt kein Modell für unser Alter. Es gibt nur die Idee, sich nichts nehmen und nichts vorschreiben zu lassen. So wie damals, als wir von zu Hause weggelaufen sind, weil wir Papas Bäckerei übernehmen sollten, aber lieber Politologie studieren wollten. Wer heute 50plus ist, kann alles haben, alles tun. Wir haben neue Zeiten geprägt, und das tun wir wieder – als Ältere, die es anders machen als die vor ihnen.

Liebe: mit Wundern rechnen

»Ich möchte für die Liebe offen bleiben, selbst wenn Liebe Unordnung und vielleicht Schmerz bedeutet.«

Erica Jong

Lust auf Lust

Erica Jong, Feministin und Autorin, liebt die Liebe und den Sex. Ungebrochen. Vor ein paar Jahren wurde sie fünfzig. Und sie frischte in ihrem Buch »Keine Angst vor fünfzig« ihre Lust auf Lust auf – ohne Abstriche. Natürlich: eine Frau, die den »Spontanfick« in die Literaturwelt gesetzt und Frauen als sexuell gleichberechtigt dargestellt hat, eine Skandalfrau sozusagen, die in den frühen Siebzigern schrieb, was andere noch nicht mal zu denken wagten: Warum sollte die mit 50 plötzlich bieder werden? Nein, unsere Generation hat sich, Frauen wie Jong vorneweg, von verkrustetem Frauenfrust befreit, auch wenn nicht alle so frech und laut waren wie die amerikanische Bestseller-Autorin. Wir hatten Uschi Obermaier. Sie ist immer noch eine Schönheit, ein Genussmensch nach wie vor. Wir haben Hannelore Elsner, nicht glatt, aber erotisch, eine anerkannte Fernsehgröße, und Erika Pluhar, die sagt, die Liebe werde mit den Jahren immer schöner.

Aber wir müssen gar nicht die zauberhafte Frauenprominenz anrufen, um unsere Lustbarkeiten zu beschwören. Ohne uns alle, erwachsene Frauen nach der Jugend und vor dem Alter, wäre nicht massenhaft geschehen, was geschehen ist: Wir haben, den Anfängen der Achtundsechziger folgend, Männern Benehmen beigebracht und ihnen gezeigt, wie man eine Frau befriedigt. Die vier, fünf Jahre Älteren haben vor unseren Augen ihre BHs verbrannt, wir durften in ihrem Fahrwasser erotische Erfahrungen sammeln wie unsere Mütter Abziehbildchen. Wir haben die Liebe von der Pflicht zur Ehe und die Ehe von rein ökonomischen Zweckgedanken befreit. Wir haben den Beatles zugejubelt und die kürzesten Röcke aller Zeiten getragen. Wir haben die Liebe über alles gestellt, über Vernunft und Ökonomie, über Moral und Kirche. Spaß sollte sie vor allem machen, Glück bringen, Sex und Erotik, jede Menge davon für jeden und jede. Wir sind losgestürmt, mit Antibaby-Pille im Täschchen und frei von Aids-Angst. Welche Generation vor uns kann nur einen Bruchteil solcher Umstürze für sich verbuchen? Wir haben alles geändert. Mit uns hat sich alles geändert. Für uns hat sich alles geändert. Und das ist bis heute so. Altwerden wie unsere Vorgänger – das geht nicht, kann gar nicht gehen. Es muss irgendwie anders sein, auch wenn körperliche Prozesse natürlich dieselben sind – allerdings um etwa zehn Jahre nach hinten verschoben. Wenn man heute eine gepflegte Frau sieht, mit geradem Rücken und ausgreifenden Schritten, gut frisiert und mit angenehmen Mimikfalten im Gesicht, denkt man: Ist sie 50? Ist sie 60? Unklare Diagnosen sind normal. Denn Alter zeigt sich heute anders, vor allem später.

Jetzt sind wir 50plus – und wir lieben die Liebe. Wir sind die ersten Fünfziger, die so frei, so erotisch, so anders agieren – genau wie wir damals als Jugend alles neu gemacht haben, sind nun die so genannten mittleren Jahre unserer Erneuerungskraft unterworfen. Solche mittleren Jahrgänge gab's noch nie. Und irritiert schauen die 35-Jährigen auf uns: Treten die denn nie ab? Lassen die uns denn nicht mal nach vorn? Sind wir jetzt nicht endlich dran? Das ist allerdings ihr Problem. Der Jugendwahn – eigens dazu erfunden, unsere Generation zu verdrängen – hat nicht so durchgreifend funktioniert, dass wir wirklich weg vom Fenster sind. Sicher, wir beschäftigen uns mit demütigenden Fragen wie: Kann ich das noch, bin ich jenes noch (wert)? Das ist alles Unsinn. Der Jugendwahn hat Jugend verherrlicht und hat niemanden weitergebracht. Denn erstens hat er den Jungen Angst gemacht, irgendwann nicht mehr jung genug zu sein. Und zweitens hat er die wirklich coole Generation, die Macher, zu früh aussortiert. Wohin wir damit gekommen sind, kann man heute überall sehen. Richtig unbeschwert jung ist eigentlich keiner mehr. Alle reden über die Rente. Angst geht um, unter Jungen genauso wie unter den Alten. Jugendwahn ist passé, da sind sich alle Analytiker gesellschaftlicher Vorgänge einig. Dass Werbung und Medien sich trotzdem weiter mit frischer Jugendlichkeit schmücken, ist in Ordnung – es sieht einfach hübscher aus auf Bildern, das sehen wir Fünfziger auch gern.

Wir haben jetzt, während der Jugendwahn verblasst, unser Älterwerden zu organisieren. Und wir stellen fest: Unsere Lust auf Liebe nimmt nicht ab. Wer meint, wir gehen zum Sterben in die Disco, bekommt nur ein müdes Lächeln.

Merkwürdig, alle Diskussionen ums Älterwerden klingen wie Katastrophen-Szenarien oder auch wie Entschuldigungen. Was soll das? Unser Alter ist bisher keine Katastrophe – wir bleiben länger frisch, wir haben weiterhin und noch lange eine Menge zu tun, die Erneuerung liegt sozusagen in den Genen. Mit Lust, mit Liebe, mit ungewöhnlichen Ideen leben wir unser Leben zwischen 50 und 60. Und sicher auch darüber hinaus. Schließlich ist das ganze Leben die Vorbereitung aufs Älterwerden, es findet immerzu statt, wir können gar nicht verspießert und verknöchert von der Bühne abtreten, die wir selbst in der Jugend gezimmert haben.

Reif für Genüsse

Wir haben die Zeit und die Zeit hat uns verändert – durch unsere neue, bis dahin unbekannte Art zu leben, wodurch sonst? Wir haben viel erreicht, auch für unsere Nachkommen: Unsere Kinder trauen sich wieder, sich zu verloben – weil sie sich gegen keine Alten mit Häkeldeckchen-Idylle wehren müssen. Sie haben coole Vorbilder, an denen sie oft schwer vorbeikommen: uns. Und wir sind so liberal und aufgeklärt, dass wir, wenn wir Lust haben, einen Schritt zur Seite machen, damit sie es doch schaffen. Sie können heiraten und bausparen, ohne in den Verdacht zu geraten, Konterrevolutionäre zu sein. Wir wundern uns etwas, wenn sie im weißen Brautkleid ankommen, wo wir in Jeans und Sandalen die leider notwendige Unterschrift beim Standesamt geleistet haben (um eine Wohnung zu kriegen). Aber wir lassen sie. Von ihnen erwarten wir nicht die Neuerfindung der gesellschaftlichen Normen. Wir wären sonst bitter enttäuscht.

So können sie Treue schwören, ohne sich dämlich vorzukommen. Und ihr Auto putzen, ohne dass sie jemand auslacht. So gefallen uns die Ergebnisse unseres Aufbegehrens. Gegen uns tobt keiner, weil es keiner drauf hat. Wir waren cool, als wir jung waren, und wir sind cool geblieben.

Wir wissen, wie die Liebe geht. Und die Männer, die wir lieben, bekommen unsere ganze geballte Liebeskraft ab – nicht immer halten sie das aus. Aber das kennen wir schon, das ist wieder ein anderes Problem. Wir wissen, was wir brauchen, für den Körper, für die Seele. Nicht immer wissen wir, wie wir es bekommen können. Wir kennen die Männer, die Frauen. Und wir haben uns Flausen bewahrt. Wir stehen zu unseren Macken, erwarten, dass sie geliebt werden und nicht bekämpft. Wir sind reif für die Liebe wie nie zuvor. Abschussquoten und verschwitztes Üben liegen lange hinter uns. Freundlich gelassen denken wir beim ersten Rendezvous mit einem Neuen: Aha, jetzt geht das wieder los. Oder: Ach, *die* Nummer, na ja! Und wenn wir uns verknallt haben, dann sehen wir dem Kerl die schnell erkannten Macken nach – um uns den Appetit nicht zu verderben. Uns einen backen, das wollten wir mal, als wir dreißig waren und unzufrieden mit der Männerwelt – so wie sie es heute immer noch sind, die Jungen. Jetzt picken wir uns das Beste heraus aus einer Begegnung und übersehen den Rest. Ist doch nicht unsere Sache, erwachsene Menschen zu erziehen. Wir haben uns doch auch nicht erziehen lassen. Also tun wir das auch anderen nicht an. Wo wir auch stehen mit 50plus, in einer alten Ehe, am Ende einer Ehe, nach der Ehe, am Anfang einer neuen Beziehung oder als Single – wir Fünfziger sind die lohnendsten Liebhaberinnen aller Zeiten. Jung und wild fingen wir an, noch nicht alt und ausgesprochen locker sind wir heute. Wenn ich Mann wäre, ich nähme eine frische Fünfzigjährige.

Die Frage ist nicht so sehr, *wen* wir lieben, sondern *wie* wir die Liebe leben. Ja, lachen Sie ruhig. Wir rennen durchs Leben, machen uns fertig, suchen und finden, verwerfen und finden neu – den Mann, der zu uns passt. Dabei geht es gar nicht um ihn, sondern immer nur um uns selbst. Mit 50 wissen wir das, oder wenn wir noch keine Zeit gehabt haben, darüber nachzudenken, ahnen wir es wenigstens. Entweder es gibt diesen einen, der schon immer da war, mit dem wir es bis hierher geschafft haben, immerhin, dann wissen wir: Er war derselbe in all den Jahren, und doch waren wir mal glücklich und mal unzufrieden und mal gar nichts von beidem, da war er einfach nur da wie eine alt vertraute Ofenbank. Oder es gibt den Lebensabschnittsbegleiter, den wir in mehr oder weniger späten Jahren aufgegabelt haben. Dann wissen wir erst recht, dass seine Marotten austauschbar sind: Die Probleme, die wir mit ihm haben, hatten wir mit seinem Vorgänger nicht, aber dafür andere. Und sein möglicher Nachfolger wird genauso wenig alles haben, was uns komplett machen könnte. Er ist er. Und ich bin ich. Wenn es gerade keinen Er gibt, dann sehnen wir uns nach ihm, obwohl wir dann bestimmte Sorgen nicht hätten und eine Zeit lang wirklich froh sein könnten. Es ist wie mit allen Sorgen: Wenn wir genau wüssten, wie lange sie dauern, wären sie gleich halb so schlimm.

So oder so: Es ist sinnvoll, sich weniger Sorgen um die Liebe zu machen, auch wenn sie so furchtbar wichtig für uns ist. Zwar haben wir alle gelernt, dass Beziehung Arbeit ist – das konnte man uns leicht beibringen, denn wir sind als brave Mädchen auf Fleiß und Disziplin eingeschworen worden. So haben wir diese Arbeit an der Beziehung verrichtet, immer wieder mit demselben oder wechselnden Teampartnern – und das Ergebnis war in jedem Fall anders als das Ziel. Es gibt diese wunderbare Weisheit des bekannten Schweizer Psychoanalytikers Jürg Willi: Es ist nicht so sehr die Frage, mit wem wir zusammen sind, sondern wer wir sind, wenn wir mit demjenigen zusammen sind.

Stellen wir mit 50 Vergleiche an darüber, was wir mit Männern an Glück und Unglück erlebt haben, können wir unschwer erkennen, was uns jetzt wirklich fehlt. Wir kennen unsere Bedürfnisse und Möglichkeiten. Jetzt sind wir reif für die Liebe. Annelie Keil, eine Bremer Professorin, die ich zum Thema Trennungen interviewte, sagte am Ende unseres langen Gesprächs einen wundervollen Satz: »Wahrscheinlich bin ich jetzt erst in der Lage, rückhaltlos zu lieben.« Die Sozialwissenschaftlerin ist 67 und lebt nach zwei Ehen allein. Auf der Autofahrt von Bremen zurück nach Berlin habe ich diesen Satz als Frage an mich gestellt: Bin ich in der Lage, rückhaltlos zu lieben? Liebe ohne Zweck, ohne Tauschgedanken. Ohne Eitelkeit und Bestätigungssucht. Ohne Erziehungsversuche am anderen. Ohne die Anmaßung, dass der andere für mein Glück zuständig ist. Ohne all die romantischen Irrtümer, die den Mann zum Erfüllungsgehilfen degradieren. Die ihm meine Unfähigkeiten zuschieben. Gut, darüber nachzudenken, wenn man lebendig bleiben will in der Liebe, wenn es nicht um Versorgtsein und Alltagstrott geht, sondern wirklich um Liebe.

Die besten Liebhaberinnen

So sehen es auch die klügeren Männer, die, nach denen wir Ausschau halten. Der bekannte amerikanische Fernsehjournalist Andy Rooney hat in einem Magazin folgenden Text veröffentlicht:

»Je älter ich werde, desto mehr schätze ich Frauen über 50. Hier ein paar Gründe, weshalb das so ist. Eine Frau über 50 wird nicht neben dir im Bett liegen und fragen, was du denkst? Es ist ihr egal, was du über sie denkst. Wenn eine Frau über 50 nicht Fußball gucken will, sitzt sie nicht da und quengelt herum. Sie macht das, was sie machen will. Und das ist gewöhnlich interessanter. Eine Frau über 50 kennt sich selbst gut genug, um sicher zu sein, wer sie ist, was sie ist, was sie will und von wem. Nur wenige Frauen über 50 werden auch nur andeutungsweise wissen wollen, was du von ihnen hältst oder von dem, was sie tun oder lassen.

Frauen über 50 haben Würde. Sie fangen nur selten in der Oper oder in einem teuren Restaurant lautstarken Streit an. Selbstverständlich werden sie nicht zögern, dich zu erschießen, wenn sie glauben, dass sie damit durchkommen. Ältere Frauen gehen großzügig mit Lob um, auch wenn es

oft nicht verdient ist. Sie wissen, wie es ist, wenn man nicht geschätzt wird.
Eine Frau über 50 hat genug Selbstvertrauen, dich ihren Freundinnen vorzustellen. Eine jüngere Frau mit einem Mann wird oft ihre besten Freundinnen ignorieren, weil sie dem Kerl bei anderen Frauen nicht traut. Frauen über 50 ist es völlig egal, ob du auf ihre Freundinnen scharf bist, weil sie wissen, dass ihre Freundinnen sie nicht betrügen.
Einer Frau über 50 musst du nie deine Sünden beichten, sie kennt sie bereits. Eine Frau über 50 sieht gut aus, wenn sie einen grellroten Lippenstift trägt. Für jüngere Frauen oder Drag Queens gilt das nicht. Wenn du mal ein oder zwei Falten beiseite lässt, ist eine Frau über 50 weit sexyer als ihre jüngeren Entsprechungen. Ältere Frauen sind aufrichtig und ehrlich. Sie sagen dir sofort, wenn du ein Arsch bist oder dich wie einer aufführst. Du musst dich nie fragen, was sie von dir hält.
Ja, wir preisen Frauen über 50 aus vielerlei Gründen. Unglücklicherweise beruht das nicht auf Gegenseitigkeit. Für jede hinreißende, kluge, gut frisierte, heiße Frau über 50 gibt es ein glatzköpfiges, dickbäuchiges Relikt in gelben Hosen, das sich wegen einer 18-jährigen Bedienung zum Narren macht. Meine Damen, ich entschuldige mich dafür.
Für alle Männer, die immer den Spruch drauf haben: Warum soll ich eine ganze Kuh kaufen, wenn ich die Milch umsonst haben kann?, kommt hier eine neue Version: Heutzutage sind 80 % aller Frauen gegen die Ehe. Warum? Weil Frauen erkannt haben, dass es nicht lohnt, ein ganzes Schwein zu kaufen, nur um eine kleine Wurst zu bekommen.« (Aus »Die Gazette«, Heft 6/2005, www.gazette.de)

Wow. So viel Lob! Man selbst könnte sich nicht besser preisen. Die Sache mit dem Schwein und der kleinen Wurst kann über die Satire hinaus verstanden werden: Frauen über 50 haben keinen Grund, einem sexfaulen, fußballhörigen Schnarcher treu zu bleiben. Wir dürfen uns das (Sex-) Glück holen, wo immer es zu finden ist.

Auch der Roman-Autor Bodo Kirchhoff (»Mein letzter Film« mit Hannelore Elsner) hat eine Hommage an seine Frau (54) und Frauen ihres Alters geschrieben. Entzückt beschreibt er die wilden Tänze seiner Frau und Hannelore Elsners auf irgendwelchen Geburtstagspartys, bei denen »die an Jahren Jungen staunend in der Ecke standen, die meisten eher spröde als sprühend, noch auf der Schwelle zum Eros, den die Älteren nach vielen süßen und nach vielen bitteren Nächten einfach in sich tragen«.

Jetzt oder nie

In der Mitte des Lebens – wie staatstragend das klingt! Setzen wir Übermut und Lust dagegen, schwere Gedanken über das Altern gibt es genug! Übermut ist unwürdig in unserem Alter? Gut, aber unwürdig älter werden macht mehr Spaß. Um wahre Würde geht's vielleicht nachher im Pflegeheim. Aber da sind wir noch lange nicht. Und wir wissen auch nicht, ob wir dahin jemals kommen.

Trotz Übermut und fehlender Alterswürde: Natürlich haben wir auch Werte gefunden und schützen sie, soweit wir können. Der Satz der Schweizer Psychologin Rosmarie Welter-Enderlin trifft mitten ins Herz: »Mit Menschen verbindlich zusammenzuleben, bedeutet eine Möglichkeit, in der Welt zu Hause zu sein.« Ein Ideal. Wir suchen es ein Leben lang. Immer wieder. Und nähern uns ihm unendlich. Spannend bis heute.

Fühlt sich Liebe jetzt anders an? Wir sind dieselben Frauen wie vor fünf oder sieben Jahren. Davon, wie wir bisher geliebt haben, hängt ab, wie es nun weitergeht. Wer sich jetzt nicht glücklich fühlt, hat keine Zeit zu verschenken. Jetzt oder nie: Diese Worte treffen plötzlich ganz und gar zu. Torschlusspanik ist das nicht. Die haben Frauen, die unter die Haube kommen und Mutter werden wollen – wir aber brauchen täglich unser Quantum Glück, keine Garantie für die nächsten Jahrzehnte.

Wann, wenn nicht jetzt, haben wir alles in der Hand, um mit einem Mann glücklich zu *sein* – nicht zu *werden* (worum es früher einmal ging)? Wir besitzen volle Souveränität über unser Handeln, Erfahrungen mit den Spielarten der Liebe, sexuelle Reife und körperliche Kraft. Die Spaßbremsen, wie Familienpflichten und Karrierekampf, werden gelockert. Der Krampf, uns als tolle Frau zu beweisen, löst sich. Wir haben es geschafft, sind, wer wir sind. Nicht mehr jung, aber auch noch nicht alt. Vollfrauen. Herrinnen unserer Wünsche und Wege. Stimmt, das ist Theorie. Praktisch müssen wir entscheiden, etwas zu ändern oder zu bleiben, wo wir sind.

Selbst Regie führen

Oft habe ich beobachtet, dass dort, wo Frauen unbedingt verharren wollten, das Leben selbst sich um sie herum bewegte. Dann führten andere in ihrem Leben Regie. Zum Beispiel: Der Mann ging. Eine Krankheit kam. Sie, die die schleppende Beziehung weiter in Kauf genommen hätte, musste plötzlich ganz viel Änderung ertragen, die von außen kam. Besser ist es, selbst aktiv zu sein. Aus Angst oder Bequemlichkeit in einer taub gewordenen Beziehung bleiben – das ist der sicherste Weg in Krankheit und unglückliches Alter. Schlechte Ehen sind von Psychosomatikern längst als Gesundheitsrisiko erkannt worden. Möglich ist es aber, die Energie, die eine Trennung kosten würde, in den Wiederaufbau der Gemeinschaft zu stecken. Das heißt, die Liebe zurückzuholen. Nicht möglich ist allerdings Nichtstun. Das ist das Verrückte an diesem Alter. Eigentlich ist nichts passiert, außer, dass die Jahre kommen und gehen. Und doch kommt noch mal richtig viel Bewegung ins Leben. Weil es das eben noch nicht gewesen ist. Weil es weitergeht. Weil wir noch was vorhaben.

Es ist möglich, die Ehe als festen Wohnsitz zu nehmen und sich die Aufregungen der körperlichen Liebe woanders zu holen. Als reife Geliebte Sex zu haben und nicht den ganzen Mann samt Schwiegermutter und Kindern aus den ersten beiden Ehen, das ist Luxus. Die junge Geliebte muss sich leider sagen, dass sie *nur* für den Sex in Frage kommt, nicht aber für die ernste Sache, eine Familie zu gründen.

Lieber hemmungsloser Spaß im Bett als Frauengespräche über Wechseljahre oder Fernsehen mit dem Ehemann!

Männer konnten das schon immer: Sex von Liebe trennen. Wir haben es auch irgendwann probiert, in der Studenten-WG, auf einer Dienstreise, bei einer Affäre. Es war schal, wenn wir glaubten, alles auf eine Karte setzen zu müssen, bloß weil es in unserer Lebensgeschichte »fällig« war: auf die lebenslange Ehe. Aber die Ehe, die wir meinten, die uns nach dem Austoben *alles* sein sollte, hat es nie gegeben. Vielleicht für Momente, phasenweise, aber nie für immer. Jetzt stellen wir die Weichen sinnvollerweise wieder einmal neu: auf Lust und Vergnügen. In der Ehe oder außerhalb – darum kann es nicht gehen, wenn wir die Sommer zählen können, in denen wir kurzärmelig im Straßencafé sitzen. Senta Berger hat gesagt, sie habe noch 13 Sommer, wenn sie so lange lebt wie ihre Mutter. Und sie hat es nicht traurig gesagt, es klang klug und unternehmungslustig. 13 Sommer, 13 Winter. Was fangen wir mit denen an? Ganz egal, was es ist, es sollte uns gefallen. Uns selbst. Und nicht der Schwiegermutter, dem Sohn oder dem Ehemann, der uns längst als Einrichtungsstück betrachtet.

Eine erwachsene Frau hat nichts weiter zu verlieren als ihre gute Erziehung, wenn sie ihr Leben wieder abenteuerlicher gestaltet. Aber sie hat etwas unschätzbar Kostbares zu gewinnen: sich selbst. Jetzt ist der Zeitpunkt, Rücksichten abzulegen, die sich zwischen Jugend und heute eingeschlichen haben.

Leidenschaft – jetzt

Ich erinnere mich, wie ich vor 27 Jahren auf dem Balkon meiner ersten Wohnung begeistert Windeln aufgehängt habe. Das Baby schlief, mein Mann war beruflich unterwegs, mein Diplom lag im Schreibtischschubfach. Und ich träumte davon, die Supermami mit der tollsten Figur und dem Riesenerfolg im Job zu sein. Wäschewaschen war Teil des Spiels. Ich tat es sexy. Ich brezelte mich auf, wenn ich mit dem Kinderwagen loszog. Ich wollte die Brücke schlagen zwischen Abenteuer und Sicherheit. Hab beides nicht ganz bekommen können. Nur halbe Abenteuer und halbe Sicherheit. Jetzt brauche ich diese Brücke nicht mehr. Jeder Tag bringt so viel Abenteuer und so viel Sicherheit, wie ich selbst herstelle. Das ist das wirklich Tolle an diesem Alter. Kein unerfüllbarer Traum macht mich mehr unglücklich. Die Liebe ist erkannt als flüchtiges Glück mit großartigen und elenden Momenten. Wer nicht zuweilen zu viel empfindet, der empfindet immer zu wenig. Ein Satz von Jean Paul über die Leidenschaft. Wir haben sie ausgekostet, die meisten von uns – und wer nicht, der weiß, was ihm fehlt: leidenschaftlich lieben.

Der Weg, der vor uns liegt, führt zu den eigenen Bedürfnissen zurück. Es war gut, sich eine Weile zurückzunehmen für Kinder, Beruf und Familie – und wir hatten ja auch was davon. Wir hatten uns als Teenager und Twens ausgetobt, dann haben wir uns als Mütter in den Dienst des Notwendigen gestellt und auch eine Menge dafür bekommen. Aber wo sind unsere ureigensten Dinge geblieben? Träume, Spontaneität, Verrücktheit, Abenteuer! Das wollten wir doch alles nicht beim Standesbeamten abgeben, als wir »Ja« sagten. Wir hofften (geglaubt haben wir es nie!), unsere Wildheit ließe sich mit Waschmaschine, Ferien in Dänemark und Familien-Van verbinden. Jetzt wissen wir es: Wir haben viel bekommen für unsere guten Taten. Aber etwas ist offen. Jede Frau hat ihren Preis gezahlt. Meist mit Hintanstellung ganz eigener Wünsche. Wer seine Sommer zählen kann, holt sie wieder hervor, all diese offenen Wünsche, und beantwortet die berühmte Frage: Nein, das kann nicht alles gewesen sein! Diese Frage meint nichts anderes als die Erinnerung daran, wo wir mal gestartet sind, mit welchen Flausen wir uns ins Leben gestürzt haben. Jetzt also ist wieder Flausenzeit. Die Pflichtzeiten sind geleistet.

Der Mann ist nicht alles

Manche reden uns ein: Ab 50 läuft nichts mehr. Falsch. Wer so denkt, kollaboriert mit dem Feind. Wer ist der Feind? Alle, die uns einreden wollen, es sei ein Problem, älter zu werden. Keine von uns hat es nötig, sich klein, alt und hässlich zu fühlen, jede hat eine Menge zu geben. Auch Liebe, Sex und Erotik. Wir dürfen es nur nie vergessen und es uns schon gar nicht ausreden lassen. Von wegen Wechseljahre! Na und? Was geht mein Hormonstand die anderen an? Damit werde ich schon selbst fertig. Und mein Sex- und Liebesleben bleibt, wie es immer war. Sonnig bis bewölkt, abwechselnd Schauer und Sturmböen ... Wetter gibt's immer. Liebe gibt's immer.

Wir wissen jetzt alles über uns und das Meiste über die

Männer. Noch sind wir gut in Form, wenn es auch immer mehr Mühe macht, schlank und straff und strahlend zu sein. Aber noch ist wirklich nichts verloren. Höre ich auf meine 50-jährigen Freundinnen, spüre ich Wechselstimmung. Das liegt an der Tagesform, die mit 50 nun mal größere Ausschläge nach unten haben kann, aber entsprechend auch zurückpendelt, wobei wir übermütig werden können. Eine richtige Antwort gibt es nicht für alle. Liebe ist mit 30 genauso schwer zu finden, das haben wir nur vergessen. Singlefrauen mit 50 erinnern sich: Das größere Männerangebot damals in jüngeren Jahren hat ihnen auch nicht viel genutzt – sonst wären sie jetzt nicht auf der Suche. Oder? Also kann der Spieß umgedreht werden. Den vermeintlichen Nachteil bei der Partnersuche machen wir zum Vorteil. Der Markt für Frauen um die 50 ist der Qualitätsmarkt. Hier tummeln sich Frauen, die bestimmte Fehler nicht mehr machen, und Männer, die mit eigenständigen Frauen umgehen können. Ein Mann, der mit mir ausgeht, weiß mich zu schätzen, meine Gebrauchsspuren findet er schön, womöglich mag er meine Art zu denken – das gefällt mir.

Unsere Generation hat jenen Umbruch, der Ehe unzuverlässiger gemacht hat, mit angezettelt und weitergeführt. Ein sicheres Heim war uns nie genug. Der Mann sollte auch Ritter, Held und Lover sein. Männerüberforderung nahm zu, auf die wir erst mal keine Rücksicht nehmen konnten. Jetzt wollen wir doch einen Hafen, weil wir die Meere kennen. Und wir können auch endlich Hafen sein.

Einen tollen Mann zu finden für die Liebe – das ist in absolut jedem Alter eine Kunst. Nicht nur unsere Jahrgänge stehen vor einem extremen Mangel an guten Männern. Was tun? Immer schön locker bleiben. Wer den Familiengründer-Trip hinter sich hat, ist im Vorteil, da wird die Auswahl leichter: Der Mann muss nicht mehr *alles* sein, nicht *alles* leisten. Das erweitert den Kandidatenkreis erheblich. Vielleicht wird er ja Romeo, wenn wir die Julia geben.

Der Kreis der potenziellen Partner wird für uns in Wirklichkeit größer statt kleiner, seit wir wirklich wissen, was ein Mann für uns tun kann – und wir für ihn. Der Mann in meinen Armen ist zunächst mal nur der Mann in meinen Armen. Weder ist er der Feind, der jeden Moment abhauen will, weil er sich zu Familie und anderen Konsequenzen nicht durchringen kann – muss er ja bei uns nicht. Noch ist er potenzieller Familienvater. Darum geht's gar nicht. Wir müssen ihn nicht der Mama vorstellen und auch seine nicht unbedingt kennen lernen. Sex und Intimität sind endlich reine Privatsache. Wie jung, wie alt, wie reich, wie schön – das alles ist Geschmackssache, wir müssen niemandem mehr etwas beweisen, schon gar nicht mit dem Mann an unserer Seite. Und wir müssen ja auch nicht mehr heiraten. Das haben wir hinter uns, und wir müssen nun nicht denselben Fehler wiederholen. Wie heißt dieser schöne Satz? Die Heirat ist der Sieg der Hoffnung über die Erfahrung.

Ja, ich will – das sagen Frauen wie wir nicht mehr auf dem Standesamt, sondern auf der Bettkante. Der Mann zum Küssen steht endlich nicht mehr für alles Glück der Welt und kann darum auch nicht so sehr enttäuschen. Sein Status kann uns egal sein, das müssen wir uns mal ganz klar machen: denn den haben wir inzwischen selbst. Weg ist die Schere im Kopf, die einst einzig auf Familiengründung zielte: Passt er? Hält er ein Leben lang? Bietet er Schutz und Sicherheit? Unsere Kriterien haben sich vereinfacht: Riecht er gut? Macht es Spaß mit ihm? Kann er gelegentlich die Espressomaschine bedienen? Wenn ja, darf es auch der schnuckelige Lieferant von IKEA sein. Oder der witzige Babysitter vom Enkel. Oder der athletische Hausmeister vom Hotel. Aber es kann auch der einfühlsame Nachbar sein, dessen Frau zur selben Zeit gestorben ist wie der eigene Mann – so geschehen vor wenigen Jahren der schönen Professorin und Uni-Rektorin Gesine Schwan. Wie auch immer: Zeit zu verschenken, in der wir Spaß haben könnten, ist Unsinn.

Klar sind die Anfragen von Männern seltener geworden. Na und? Das darf uns nicht grämen, denn Grämen macht hässlich. Mehr als einen braucht doch keine zurzeit. Und der eine ist irgendwo da draußen, wenn er noch nicht hier ist.

Der Trend zum Jüngeren

Der Berliner Psychologe Konrad W. Sprai sieht ein Geheimnis toller 50-Jähriger darin: »Sie definieren sich nicht mehr über den Grad der Begehrtheit. Weil dieser Druck langsam wegfällt, sind sie entspannter und gelöster. Diese innere Schönheit strahlt dann nach außen.« Interessant, was Sprai da vorschlägt: Definieren wir uns nicht über die Begehrtheit. Setzen wir sie einfach voraus!

Erotisch mit allen Wassern gewaschen, körperlich noch längst nicht abgetakelt, gut trainiert und gekleidet – das zieht manch jüngeren Mann an und erschreckt manch jüngere Frau. Aber sie darf sich ja gern unserem abgelegten Daddy zuwenden und sich mit ihm schmücken, wenn ihre gleichaltrigen Lover vielleicht auf uns reflektieren. Sie muss nur aufpassen, dass der ältere Mann sie nicht vorzeitig alt aussehen lässt. Denn, so urteilt die britische Starkolumnistin Julie Burchill aus eigener Erfahrung: »Während Junge-Frau-älterer Mann-Kombis sich vor allem um die Sehnsucht nach Sicherheit drehen, finanziell oder sonst wie, was sie angeht, dreht sich das Junger-Mann-ältere-Frau-Arrangement zuallererst und hauptsächlich um das Verlangen nach Sex, eine Menge Sex, was ihn angeht.« Öffentlich angegriffen für die Ehe mit einem 13 Jahre Jüngeren, giftete sie in der britischen »Times« zurück: »Ältere Frauen halten junge Männer jung, jüngere Frauen, je liebreizender sie sind, lassen ältere Männer noch älter aussehen.« Ihr anregendes Fazit: »Zeigen Sie mir eine alte Mieze, verheiratet mit einem jungen Mann, und ich zeige Ihnen jemand, der nie Kopfschmerzen kriegt.«

Es ist eine wissenschaftlich bewiesene Tatsache: Frauen erreichen in Sachen Sex in einem Alter ihre Höchstform, wenn ihre männlichen Altersgenossen schon das Interesse verlieren. Bei Männern lässt das Erektionsvermögen nach, die Erektionen werden schwächer und sind leichter störbar, fasst eine WHO-Studie zum Thema »Menschliche Sexualität und Alter« zusammen. Bei Frauen wird zwar die Haut der Genitalien nach den Wechseljahren empfindlicher und dünner, aber die Erregbarkeit nimmt nicht ab. Frauen sind auch viele Jahre nach den Wechseljahren unveränderlich erregbar, wenn sie die Möglichkeit haben, ihre Sexualität zu leben. Es lohnt sich also – mit uns und für uns! Und es spricht eine Menge für den jüngeren Mann an unserer Seite. Die unterschiedliche Libido von Frauen und Männern ist dramatisch: Während die sexuelle Leistungsfähigkeit bei Männern ab 30 nachlässt, steigt sie bei Frauen bis 50 immer weiter an.

Klingt wie eine Empfehlung, sich irgendwann einmal einen jüngeren Liebhaber zu gönnen. Die Hamburger Paartherapeutin Dr. Angelika Faas hat herausgefunden, dass ältere Frauen, die sich in einen jüngeren Mann verlieben, meist gebildet sind, einen hohen Status haben und es lieben, gegen Klischees anzukämpfen.

Das trifft auch auf die bayrische Kabarettistin Lisa Fitz zu. Sie hat einen 23 Jahre jüngeren Ehemann, und sie sagt: »Lieber drei aufregende Jahre mit meinem knackigen Club-Animateur als 30 Jahre mit einem übergewichtigen Bierfahrertyp.« An älteren Frauen lieben die jungen Männer wiederum die Herausforderung: sexuell und intellektuell. Sie genießen die freizügigere Intimität mit Frauen, die echt locker sind.

Ich habe es genossen, als ich eineinhalb Jahre lang mit einem zwölf Jahre Jüngeren zusammen war – für mein Ego und für meinen Körper war es eine fantastische Sache. Natürlich gab's Schmerzen, wie bei jeder Liebe, wenn sie endet. Aber wer nicht bereit ist, das ganze Spektrum an Gefühlen zu ertragen und zu genießen, das zur Liebe gehört, der sollte lieber weiter nur von Liebe träumen – und sich nicht wundern, wenn der Alltag ihm mit der Zeit grau und lahm erscheint. Die Liebe lebt nur voll, wer auch die damit verbundenen Schmerzen voll zu leben bereit ist.

Ich weiß, das ist leicht gesagt. Wir wollen nicht zerstören, was wir leben – die Ehe nicht gefährden. Und wir wissen nicht, woher so ein Zauberknabe auf einmal kommen soll. Es geht auch gar nicht darum, sich aktiv einen jungen Lover zu suchen. Aber offen bleiben für die Möglichkeiten – das macht den Alltag schon mal netter, den Teint frischer und den Gang schwungvoller. Über den Tellerrand hinaus schauen, sehen, wer uns umgibt, bereit sein, wenn der Moment da ist, Blockaden lösen. Vermeintlichen Anstand abschütteln. Anstand hat noch nie glücklich gemacht. Und wer bis jetzt mit guter Kinderstube durchs Leben gekommen ist und wie bei den Tanzstunden der sechziger Jahre auf der Mädchenseite gewartet hat, der sollte diese altmodische, unproduktive Haltung nun endlich aufgeben und neue Seiten an sich zulassen. So schwer ist es gar nicht, wir müssen nur die leidigen Stimmen im Kopf zum Schweigen bringen, die sagen: Was tust du da, das darfst du nicht, das geht schlimm aus, wenn das die Mama wüsste ... Mit Fünfzig müssen und können wir wirklich erwachsen sein, das heißt, uns über hemmende Botschaften und Glaubenssätze hinwegsetzen, sonst werden wir ab jetzt ganz schnell alt. Frisches Denken – wer's versucht, lebt frischer.

Promis machen es vor: Madonna, Tina Turner, Susan Sarandon, Nina Hagen, Joan Collins, Vivienne Westwood, Shere Hite haben jüngere Männer. Genau wie Hannelore Hoger, Hannelore Elsner und Birgit Schrowange. Über 30 Prozent der Bräute in den USA heirateten in den letzten Jahren jüngere Partner. In Deutschland ist der Bräutigam in jeder fünften neu geschlossenen Ehe jünger als seine Frau.

Schon haben Sozialwissenschaftler die Tendenz untersucht. Fazit: Frauen ergreifen die Initiative, durchbrechen konventionelle Muster und gönnen sich Abenteuer. Hannelore Hoger bleibt cool, wenn man sie fragt, ob sie Ressentiments gegenüber ihrer Ehe mit ihrem 25 Jahre jüngeren Mann fürchtet: »Ich habe keine Angst, aber ich bin darauf vorbereitet. Weil Frauen ja nicht dürfen, was Männer im gesetzten Alter geradezu als ihre Pflicht empfinden. Nämlich in der Drittehe eine möglichst junge Frau heiraten, die dann auch noch Kinder gebären muss. Von dieser Pflicht bin ich ja nun befreit.« Und Susan Sarandon wettert: »Wie kann es angehen, dass es für viele Männer fast ein Tabu ist, mit einer erwachsenen Frau zu schlafen, die Krähenfüße um die Augen hat, während sie kaum Gewissensbisse plagen, mit einer 14-Jährigen ins Bett zu gehen?!« Das musste mal gesagt werden, und wenn es solche tollen Frauen sagen, umso besser. Die berühmte amerikanische Sexualwissenschaftlerin Shere Hite, 64, verheiratet mit einem 20 Jahre jüngeren Pianisten, spricht von einer »tief greifenden sozialen Umwälzung«. Sie prophezeit: Frauen entwickeln neue Lebensformen, ohne sich schuldig zu fühlen.

Die ZEIT-Journalistin Elisabeth Niejahr (»Alt sind nur die anderen«, S. Fischer) sagt in gewisser Hinsicht noch rosigere Zeiten voraus: »Alter Mann mit junger Frau, das wird häufig gedeutet als Tausch von Jugendlichkeit gegen Status. Schon heute funktioniert er nur für erfolgreiche Männer. In Zukunft wird der Tauschhandel dadurch erschwert, dass es in der alternden Gesellschaft viel weniger junge Frauen, aber viel mehr ältere Männer aus der Generation der Babyboomer geben wird.« Als Modell für Mehrheiten tauge diese Konstellation schon rein rechnerisch nicht mehr. Und wenn Frauen bei Status, Gehalt und Sozialprestige weiter aufrücken, wird das Modell *trophy wife* noch seltener. Niejahr entkräftet vor allem die Sorge, dass die Chance, die durch Viagra entsteht, ältere Männer reihenweise zu jungen Frauen treiben könnte: »Wenn ältere Männer dank neuer Medikamente häufiger Sex haben können, wenn sie dabei angstfreier, entspannter oder auch leidenschaftlicher sind, so wird das viele gleichaltrige Frauen glücklich machen.« Au ja.

Partner aus dem Netz

Das Internet hat die Partnersuche revolutioniert. Unsere Jahrgänge profitieren davon heftig. Ab 45 sind Online-Partnervermittlungen die beliebteste Form, einen Partner zu suchen. Das sagen 54,7 Prozent der Älteren bei einer Befragung, bei den unter 30-Jährigen finden das nur 43 Prozent. Klar, die vertrauen noch auf Partys. Fast die Hälfte (46,3 Prozent) der Nutzer von Online-Partnerbörsen sind über 45 Jahre. Wurde es vor kurzem noch verschwiegen, wenn sich ein Paar per E-Mail gefunden hat, gilt es inzwischen als schick. Mein Sohn, dessen Beruf das Internet ist, sagt: »In ein paar Jahren werden die Leute auf Partys nicht sagen: Was, ihr habt euch übers Internet kennen gelernt? Sondern: Was, ihr habt euch *nicht* übers Internet kennen gelernt?« Aus eigener Erfahrung kann ich sagen: Es gehört Glück dazu, genauso wie in einer Bar oder einer Musikkneipe. Aber es kann klappen. Die eigenen Chancen werden optimiert. Man muss sich vorstellen: parship.de, eine der größten Partnerbörsen, hat allein 1,6 Millionen Singles europaweit in den Dateien. Aber nicht nur die gewaltige Zahl optimiert die Chancen, sondern auch das neuartige Auswahlverfahren. Ich habe es getestet.

Mit 50 kennt man natürlich alle Varianten: Die Bar-Affäre, Kennenlernen an der Supermarktkasse, den Kollegen-Flirt, die Party-Kuppelei, vielleicht auch die Zeitungsannonce. Die www-Partnersuche scheint mir gegenüber all den traditionellen Nummern unschlagbar. Wer's noch nicht probiert hat, denkt vielleicht: Lauter Ladenhüter. Das ist Quatsch. Ich hab's getan, und ich weiß: Ich bin kein Ladenhüter, die andern sind's sicher auch nicht. Es geht so: Sie melden sich auf einer Plattform an (z. B. parship.de) und haben ab sofort richtig gut zu tun. Dutzende von Kandidaten werden per Chiffre vor uns aufgeblättert. 1,80 groß, 46, Arzt, geschieden, Raucher, zwei Kinder, ein Hund, zupft gern Gitarre. So in etwa. Das sagt natürlich noch nicht viel. Man weiß nicht, ob der auf »einssiebzig, 52 Jahre, selbstständige Journalistin« oder so ähnlich reagieren wird. Und in einen Steckbrief verlieben können wir uns schon gar nicht. Aber gemach. Wer seine Hausaufgaben macht, nähert sich einem interessanten Punkt. Es sind einfach zu viele, um allen zu schreiben, wir beginnen damit, immer cleverer die Spreu vom Weizen zu trennen, anhand von drei bis sechs Parametern. Und jetzt passiert etwas ganz Interessantes: Wir lernen unsere inneren Suchkriterien besser kennen. Denn es muss schnell gehen mit dem Wegklicken der Ungeeigneten. Man will das ja schließlich nicht zum Beruf machen. Also nehme ich nur ungenau, wie mit Nebelblick, die groben Daten wahr. Beruf, Alter,

Größe, Raucher oder nicht ... Nie habe ich gewusst, dass ich viel mehr auf Künstler und Freiberufler stehe als auf Bankangestellte oder Beamte. Im richtigen Leben sind mir immer mal beide Spezies begegnet. Und entweder war da ein Funke (echt oder herbeigewünscht) und eine Gelegenheit (Einsamkeit zum Beispiel, ganz ungünstige Basis!) oder nicht. Meine Kriterien waren immer situationsabhängig. Schon fliegt man fünfmal mehr auf die Schnauze als notwendig. Bei der www-Wahl schlägt der Zeiger genauer aus, weil kein Duft, kein Blick und keine schwüle Kneipenstimmung die Sinne vernebeln. Wir klicken alle weg, die unter 1,60, über siebzig und meinetwegen Versicherungsangestellte sind. Bloß als Beispiel. Der E-Mail-Kontakt mit diversen Kandidaten, die übrig bleiben, ist so schön unverbindlich, da läuft das Kennenlernen wie nebenbei. Man kommt nach Hause und hat immer Post. Das wärmt. Schreiben ist ein tolles Medium. Man kann alles dreimal korrigieren, man kann es auch lassen, man hat nichts zu verlieren. Wenn also drei charmante, liebenswürdige, mehr oder weniger verkrachte Künstler übrig geblieben sind, kommt's drauf an, wer besser schreibt. Und was man mag. Ich mag nicht, wenn einer mir Gedichte sendet, die er garantiert als Serienmail verschickt und irgendwo abgeschrieben hat. Vorsichtshalber mag ich in der Anbahnungsphase überhaupt keine Gedichte. Also, Klick, weg mit dem »Italiener«. Das ist ein Pseudonym, weil er ständig von Italien geschwärmt hat. In Wahrheit war er aber schon zum Abschuss freigegeben, als er in die Betreffzeile schrieb: Einsame Weihnachten. So was will man nicht. Ein Mann, der schon vor dem Kennenlernen jammert und nichts mit sich selbst anzufangen weiß. Ebenso verdächtig ist es, wenn man sein Foto freigegeben und übermäßiges Schwärmen damit ausgelöst hat. Was soll das? Komplimente sind nett, aber zu fett dürfen sie nicht sein. Sonst ahnt man die Absicht und ist verstimmt.

In Phase zwei geht's um den ersten Augenschein. Ein Kaffee, der Operndramaturg Max reist tatsächlich aus Hamburg nach Berlin an für eine Tasse Kaffee mit mir. Schmeichel, schmeichel. Sollte vorher Liebeskummer bestanden haben, dazu vielleicht Versagensängste etc., wird hiermit eine Menge geglättet. Aber dann. Der Mensch redet gleich mal von der Toilette, auf die er immer sofort muss, wenn er zu lange im Kalten gewartet hat. War er zu früh da? Hat er was mit dem ...? Unsäglich, noch vor dem Du darüber zu sprechen. Der Mann ist erledigt, aber den Kaffee trinken wir noch aus. Auch der Werbetexter fällt durch, der per SMS schleimt: Danke für die wundervolle Stunde, die hat Appetit gemacht auf viel mehr. Meine Antwort: Ich bin doch kein Schnitzel.

Pleiten, Pech und Pannen sind bei der Online-Partnersuche inklusive. Na und? Immer noch besser, als zu Hause vor dem Fernseher herumzufrusten und zu spekulieren, ob da draußen noch einer für uns wartet. Auch Körbe, die man austeilt, haben ihr Gutes: Das Gefühl, ich nehme doch nicht jeden, stärkt das Selbstbewusstsein und schärft den Blick. Wenn wir ein Auto oder eine Wohnung suchen, sehen wir auch Ladenhüter und wissen dann umso besser, was wir wirklich brauchen. Bei Männern sollte man zunächst, bevor Gefühl ins Spiel kommt, genauso cool herangehen. Erfahrungen im Bekanntenkreis lassen sich so zusammenfassen: Nach zu vielen Nieten erstmal Pause machen. Und nach ein paar Monaten weitermachen. Allein das Gefühl, aktiv beim Schicksal anzufragen, kann toll sein. Und die Chance, dass wirklich etwas passiert, ist nicht so gering: Jeder sechste Single ab 45 Jahre hat sich schon mal übers Internet verliebt!

Sex mit 50

Früher ein Tabuthema – und zwar schon ab 40. Eigentlich selbstverständlich, aber man kann es gar nicht oft genug betonen: Heute sind 50-Jährige, wenn sie wollen, sexuelle Wesen, ganz klar. »Frauen ab 50«, sagt die Sexualforscherin Beate Schultz-Zehden von der Berliner Charité, »haben Lebenshunger.« Das gilt auch für die Sexualität. Das Resümee einer groß angelegten Sexstudie unter dieser Altersgruppe: 75 Prozent der 50- bis 54-jährigen Frauen gaben als Sexwunsch an: mehrmals im Monat – das klingt bescheiden, aber dafür legen sie mehr Wert auf Qualität, so die Studie.

Gérard Depardieu wird mit folgendem Satz zitiert: »Die Libido einer Fünfzigjährigen ist viel interessanter als die einer Dreißigjährigen.« Schön, dass ihm das aufgefallen ist, es muss ihm eine von uns gezeigt haben. Wir wissen, wie viel Erotik in uns steckt.

Meine Freundin Toni sagte einmal den schockierend offenen Satz ins Telefon: »Du, ich habe zurzeit den geilsten Sex meines Lebens.« Sie war gerade 50 geworden und hatte nach der Trennung von ihrem Mann einen drei Jahre jüngeren Freund, mit dem sie aber nicht zusammenwohnte. Später haben wir darüber gesprochen, was den Sex jetzt besser macht als damals. Wir waren uns schnell einig: Es ist nicht der bessere Lover, das sind wir selbst. Wir können jetzt genießen, was wir damals, als junge Ehefrauen und Mütter, oft lästig fanden. Die Wissenschaft nennt Gründe: keine Angst mehr vor ungewollter Schwangerschaft, mehr Muße, nachdem die Kinder aus dem Haus sind, mehr Selbstbewusstsein im Bett, souveräneres Körpergefühl. Als wir Beginners waren, blutjunge Anfängerinnen, da mussten wir üben. Vor allem uns selbst erkunden. Der Mann kam später dran. Ehe ich begriffen habe, dass meine nackte Anwesenheit nicht ausreicht, waren mir schon etliche Jungs davongelaufen. Ich dachte, ich sei locker, aus heutiger Sicht war ich ein Brett im Bett.

Ich erinnere mich an die junge Ehe und habe es auch von Freundinnen bestätigt bekommen: Die Männer waren lieb und hübsch und hatten gute Berufe – sonst hätten wir sie ja nicht geheiratet. Und sie wollten keine andere. Immer nur uns. Und das andauernd. Das war irgendwie schmeichelhaft, aber hauptsächlich nervig. Wir waren müde vom Babystress, waren hormonell noch aus der Bahn geworfen nach der Geburt, das Leben war jung und ungeordnet. Fragen wie Schnuller – ja oder nein, Teppichkauf, Wochenendhaus, Autoabzahlung gingen uns durch den Kopf – und stritten sich heftig mit den Wünschen des (möglicherweise nicht sehr einfühlsamen, weil unerfahrenen) Mannes nach sexueller Grundversorgung. Seit wir aber unsere Lieblingsrezepte aus dem Hut können, Miete, Telefon und Versicherungen regelmäßig vom eigenen Konto abgebucht werden, die Kinder nur noch zu Besuch kommen und das Verhältnis zu den Eltern einigermaßen geklärt ist, haben wir viel mehr Zeit und Muße. Besonders für richtig guten Sex.

Eine brandneue Studie der Freien Universität Berlin unter 521 Frauen zwischen 50 und 70 beweist, dass Frauen bis ins hohe Alter genuss- und orgasmusfähig bleiben. Na also.

Interessant auch eine Studie aus den USA: Frauen über 50 mit einer guten Schulbildung haben den besten Sex! Sie erleben am häufigsten Orgasmen, empfinden die meiste Freude am sexuellen Zusammensein, haben am wenigsten Angst vor dem Versagen und am seltensten Schmerzen beim Geschlechtsverkehr.

Andere Studien haben herausgefunden: Ab 55 wird das Vorspiel länger. Auch eindeutig eine Qualitätssteigerung.

Und das Beste am Sex ab 50: Sex hält jung. Wir ahnen es, aber Forscher können es jetzt beweisen. Der schottische Psychologe Weeks befragte 95 Schotten, die im hohen Alter noch besonders jung aussahen. Sein Fazit: »Genau wie andere körperliche Aktivitäten ist Sex ein wichtiger Bestandteil des Jung-Aussehens.« Auch ein Bericht des Pharma-Unternehmens Pfizer zur sexuellen Einstellung bestätigt, dass Sex für Männer und Frauen zwischen 40 und 80 eine wichtige Rolle spielt. »Sexuelle Zufriedenheit ist nicht nur ein wesentlicher Bestandteil einer glücklichen Beziehung, sondern steht auch in engem Zusammenhang mit der Gesundheit des Menschen.« Das ergab eine Befragung von weltweit 26 000 Männern und Frauen in 29 Ländern, die die australische Sexualtherapeutin Professor Rosie King auswertete. Sie behauptet, dass Paare, die dreimal in der Woche miteinander schlafen, im Schnitt zehn Jahre jünger aussehen als Paare, die seltener Sex hatten.

Schön – und wie kommen wir zu dem vielen tollen Sex, den wir brauchen?

Wer dafür ein allgemeingültiges Rezept zu haben glaubt, der irrt gewaltig. Das ist und bleibt nun mal eine Frage, die jede für sich selbst lösen muss. Wichtig ist, mit sich selbst klar zu sein: Will ich Sex? Bin ich offen? Wo genau stehen die Trennwände zwischen mir und gutem, häufigem Sex? Ist es die eingeschlafene Ehe, die mich hindert? Ist es mein Singledasein nach einer Trennung? Was müsste sich in meinem Leben verändern, damit ich guten Sex erlebe? Blocke ich die vorhandenen Möglichkeiten zum Beispiel systematisch ab, aus Furcht, mich zu zeigen, aus Scham, weil ich nicht mehr so knackig bin wie damals? Grolle ich meinem Partner wegen so vieler Kleinigkeiten, dass ich einfach keine Lust auf den eigenen Mann habe? Sex ist eine höchst empfindliche Angelegenheit. Meist ist er der erste Indikator dafür, dass Beziehungen nicht mehr rund laufen. Wenn wir Frust und Groll wegen ungeklärter Alltagsprobleme horten, drehen wir uns immer häufiger ohne Gutenachtkuss um, die Sex- und Lieblosigkeit wuchert, der andere wird vom Sexualpartner zum nutzlosen Schnarcher auf der anderen Bettseite. Noch ein Grollpunkt. Schade, schade und gefährlich außerdem. Der olle Schnarcher kann woanders seinen durchaus noch vorhandenen Charme auspacken und, wenn er damit Erfolg hat, erleben, was er erotisch noch drauf hat. Schon sind wir ihn los. Besseren Sex haben wir davon erst mal nicht.

Mein ehemaliger Schwiegervater kam mir einmal wie

trunken entgegengetaumelt und murmelte so etwas wie: »Kindchen, es geht noch, es geht noch …« Ich hatte keine Ahnung, wovon er sprach. Er war 70. Und ein Jahr später war er geschieden und wieder verheiratet, mit einer 30 Jahre Jüngeren. Da wurde mir die Urgewalt des Sex noch einmal klar: Der Alte brach radikal mit seinem bisherigen Leben, verließ alles, was ihm bis dahin wichtig war – nur um mit der Frau zusammenzusein, bei der »es« noch ging. Ich habe ihn verstanden. Es waren nicht mehr viele Jahre zu erwarten für ihn. Gutes Benehmen und Pflichten waren die letzten Dinge, um die er sich scheren musste, angesichts knapper Möglichkeiten, noch ein Weilchen glücklich zu sein.

Ich übertrage dieses Beispiel auf uns 50-jährige Frauen. Wir haben noch länger Zeit fürs Glück, vermutlich 30 Jahre. Umso einleuchtender, sich jetzt sofort und gründlich darum zu kümmern. Um sexuelle Zufriedenheit, um das eigene innere Erotikfeeling, um ein lebendiges, bewegtes Leben. Und wo fängt es an? Natürlich bei der Liebe zu sich selbst – die einzige Liebe, auf die immer Verlass ist.

Und wenn wir in der eigenen Ehe wieder anknüpfen? Die Leidenschaft zurückholen? Warum nicht? Es ist eine Frage der Entscheidung. Wir müssen kreativ sein, Groll auflösen, die Leidenschaft großmütig wieder hereinbitten ins Ehebett. Auch nach Jahrzehnten des Zusammenlebens ist dies möglich, sagen Sexualtherapeuten.

Sexuelle Lust ist eine Vagabundin. Sie kommt und sie geht. Das Schöne: Sie kommt wieder, wenn man ihr die Chance dazu gibt. Wilder Sex mit dem eigenen Mann – das geht, wenn wir es schaffen, dass er uns wieder ein bisschen fremd vorkommt. Vergessen wir die ganzen Gemeinsamkeiten, die Zusammengehörigkeit und Harmonie. Betonen wir die Unterschiede. Wir machen es ganz anders als sonst. Nicht der kleinste gemeinsame Nenner tut uns beiden beim Sex gut, sondern das, was ich will, und das, was er will. Abwechselnd, wenn's nicht zugleich geht. Rücksicht und Routine machen Leidenschaft kaputt. Jeder ist ein sexuelles Individuum. Natürlich spielen Paare sich ein, haben bald ihre Lieblingsstellungen, aber auch ihre Tabus. Unterschiede werden ausgeglichen, abgebaut, eine gemeinsame Temperatur im Bett gefunden. Das führt zu sicheren Orgasmen. Und es führt zu Routine, Langeweile, Lustlosigkeit. Wie entgehen wir dieser Falle? Der Sexualtherapeut Ulrich Clement nennt gewisse »Sollvorstellungen« von »richtiger« Sexualität als Lustkiller Nummer eins. Ihnen gilt es zu entkommen.

Viele glauben, nur spontaner Sex sei guter Sex. Wir erinnern uns an junge Jahre, wo noch schnell die zehn Minuten vor dem Abendbrot für einen Quickie genutzt wurden. Muss nicht sein. Sex-Oldies dürfen Zeit für Erotik ruhig planen, ohne sich verschnarcht vorzukommen. Bloß keine falschen Maßstäbe anlegen. Wir wollen die Zeit doch nicht festhalten und ständig wiederholen, was damals war! Erinnerungen sind schön, und jetzt ist jetzt.

Auch zu viel Rücksicht macht Leidenschaft kaputt. Warum? Wer sozusagen im vorauseilenden Gehorsam nur tut und anbietet, was der andere vermutlich und aus Erfahrung gutheißt, bremst sich selbst aus. Kreativität und Überraschung, auch ungewohnte Initiative, sind aber Öl im erotische Feuer. Die Annahme, dass beide immer dasselbe wollen, ist das sichere Aus für die Leidenschaft, denn sie schließt die Unterschiedlichkeit der Partner aus. Fremdheit, Verschiedenheit ist aber gerade der Reiz, aus dem sexuelle Anziehung gemacht ist. Siehe Sex mit einem schönen Fremden – eine verbreitete Frauen-Fantasie.

Sex ist Sex und sonst nichts. Längst haben auch Frauen entdeckt, dass Sex etwas anderes sein kann als Ausdruck von Liebe und Beziehung. Das Spielerische, Experimentelle macht den Sex immer wieder neu – auch mit dem alten Partner. Wer zum Beispiel noch nie einen Vibrator mit ins Liebesspiel einbezogen hat: Das wäre mal eine Idee. Über den eigenen Schatten zu springen, kann richtig Spaß machen. Und der vertraute Gespiele bekommt eine ganz neue Rolle. Es gibt viele Techniken, die entdeckt werden können – wenn wir es schaffen, aus der Eingespieltheit die Vertrauensbasis zu machen, die wir brauchen, um Grenzen zu verschieben. Verrückter Sex mit einem Fremden scheint leichter als mit dem Mann, dem wir vertrauen. Aber einen schönen Fremden zu finden, mit dem es spontan richtig losgeht, ist eben nicht unbedingt einfacher, als den eigenen Mann zu aktivieren. Eine Freundin hat mir anvertraut, dass sie im Lauf vieler Jahre immer erst nach dem Fremdgehen wieder gut mit ihrem Mann schlafen konnte. Ein ganz schöner Umweg. Und das Paar ist auch nicht mehr zusammen. Denn sosehr zu viel Nähe und Harmonie die Lust aus dem Bett treiben, sosehr brauchen wir in der Partnerschaft genug Nähe und Vertrauen, um uns wohl zu fühlen. Dauerhafte Lust auf den geliebten Mann ist also die Quadratur des Kreises. Wir können sie nur verlieren und dann wieder finden. Immer wieder.

Erotische Risiken sind wichtig, wenn wir nicht eines Tages einfach rausschleichen wollen aus der Lust. Das Gegenteil von Stillstand ist Entwicklung. Und zwar eigene Entwicklung, nicht unser altes Lieblingsspiel: die Erziehung des Partners.

Lauter tolle Vorbilder

Es gibt inzwischen so viele Vorbilder. Überall sind jetzt diese tollen neuen Fünfzigerinnen, die alles können – gut aussehen, im Job souverän ihre Erfahrungen einbringen, sich selbst und ihren Körper im Griff haben und beim Sex vermutlich richtig locker sind. Zeitschriften und Zeitungen sind voll von ihnen, von denen auch Frauen ohne Promi-Glamour lernen können. Seit Mitte der Neunziger hat man die schönen Fünfzigerinnen entdeckt. Vor über zehn Jahren. Und sie haben kein bisschen nachgelassen, was Popularität und Glamourfaktor angeht. Die Sängerin Erika Pluhar sagt: »Sexualität war für mich immer schön, und sie wird mit den Jahren immer schöner.« Toll, das von einer Frau zu hören, die über die 65 hinaus ist.

Für manche fängt das Leben ab 50 offenbar erst richtig an. Die Zeitungen berichten davon. Jutta Speidel hat sich einen Jaguar gekauft, lese ich – gegen den Liebeskummer, den sie wegen eines Jüngeren hatte. Michaela May ist vor einer Weile ihrem Mann ausgerückt, hat sich eine mehrwöchige Affäre gegönnt und ist dann locker zum Angestammten zurückgezogen. Ihre Schauspielerkollegin Rita Russek sagt: »Je älter man wird, desto stärker kommt man an.« Hannelore Hoger sagt: »Erotik ist nicht aufs Alter bezogen.« Im Übrigen finde sie sich attraktiv. Das scheint zusammenzugehören. Die eigene Attraktivität und Erotik zu spüren. Frau Hoger hat nicht gerade eine Jungmädchenfigur – aber sie ist cool. Als TV-Kommissarin Bella Block ist sie ein Bild von einem Vollweib. Souverän, witzig, ironisch, selbstständig, eigensinnig. Als sie in einer Folge der Krimiserie mit Bella Block unausgesprochen fürchtet, ihr Lebensgefährte sei auf Abwegen, sagt sie im Vorbeigehen mit Seitenblick auf ihn: »Wenn's was Ernstes ist, sagst du es mir aber?« Herrlich! Den Satz kann man sich merken, falls man selbst mal in die Rolle der eifersüchtigen Alten kommt.

Verrückt, dass gerade Frauen, deren Beruf es ist, gut auszusehen, ihr Alter *nicht* als Behinderung erleben. Es sind auch dieselben, die sich was zutrauen, die schon lange Sinnlichkeit und Unabhängigkeit leben und eben einfach nicht damit aufhören, bloß weil sie über 50 oder 60 sind. Schöne Vorbilder.

Diese spezielle Mischung aus Souveränität und Gelassenheit, die nur wir voll erwachsenen Frauen haben können, ist extrem erotisch. Nur selten hat eine Frau diese Power schon, wenn sie jung ist. Ein Gegengewicht für das Nachlassen der körperlichen Reize – wem das klar ist, der strahlt wie nie und grämt sich nicht angstvoll über jede neue Falte. Das ist unsouverän und lässt uns älter aussehen als wir sind.

Die viel zitierten TV-Ladys Berben, Elsner, Hoger und Co. haben es der Nation gezeigt und tun es weiter, auch wenn manche von ihnen inzwischen scharf auf die 60 zugehen oder diese nächste magische Zahl sogar überschritten haben. Sie sind der Beweis: 50plus ist cool. Erotisch selbstbewusst und lässig. Es gäbe diese Typen im Fernsehen nicht, wenn es sie im Leben nicht gäbe. Fernsehen bildet ab und ist Vorbild. Also: Erst muss es diesen Frauentyp gegeben haben, dann wurde er per Bildschirm in die Welt geschickt. Wir Normalfrauen können davon profitieren. Auch ohne Maskenbildnerin und Garderobiere können wir uns erotisch fühlen. Und erotisch sein.

Dennoch sind wir oft unsicher: Wissen es auch die anderen? Ja, zum Teil wissen sie es. So genannte Trendforscher sagen sogar: Frauen über 50 gehört die Zukunft. Hm. Aber welche? Es ist wie schon die ganze Zeit im Leben: Wir müssen sie natürlich selbst gestalten, unsere Zukunft.

Auf die Performance kommt es an

Zugegeben, am schönsten waren wir vermutlich mit 16. Es gibt ein Foto, da liege ich, gleichmäßig gebräunt, nackt im heißen Ostseesand und träume. Wovon, weiß ich nicht, aber ganz gewiss nicht von wahnsinnigem Sex. Wer mich da so liegen sieht, denkt aber wahrscheinlich genau daran.

Inzwischen hat dieser Körper zwei Kinder geboren, er hat Sonnenbrände und Jahre im Sitzen vorm Computer überstanden. Und Tränen geweint. Und Rotwein-Räusche weggesteckt. Und Umweltschäden. Und Fressattacken. Er ist wie ein solider Gebrauchtwagen. Mit TÜV für die nächsten drei Jahre. Die dritte oder vierte Mini-Welle rollt ohne mich. Nicht, weil die Beine es nicht mehr hergeben, das tun sie auch bei vielen Jüngeren nicht – sondern weil ich es albern finde. Meine Beine sind kein Blickfang, eher mein Gang. Oder mein Gesichtsausdruck.

Mehrere Männer haben mir im guten Fachgespräch bestätigt, dass sie selbstsichere und erfahrene Frauen schätzen. Sie wollen nicht immer Reiseleiter sein. Sie sagen: Was stört mich eine Falte am Bauch? Auf die Performance kommt es an. Erst mal ist alles eine Frage des Lichts. Wir können dafür sorgen, dass es kein Neonlicht ist. Das haben wir ja auch mit 30 gemacht.

Dann ist es eine Frage des Gefühls für den eigenen Körper. Wir sollten ihn lieb haben. So wie er geworden ist, haben wir ihn gemacht. Wir und die Gene, die nun mal Schicksal sind. Wer seine Pfunde hasst, darf nicht vergessen, dass er tatenlos zugelassen hat, dass sie wuchern durften. Wer sich mit seinen Strandfotos von vor 30 Jahren vergleicht, ist selbst schuld. Das tut man nicht. Höchstens um sich zu erinnern, wie wenig man von der Traumfigur damals hatte. Es ist doch gerecht eingerichtet im Leben: Erst hat man den makellosen Körper und weiß nicht so recht, was damit anzufangen – und dann weiß man es genau und der Körper ist nicht mehr perfekt. Da hilft nur eins: Erinnern wir uns, dass Perfektion nicht unbedingt erotisch ist, dass reife Persönlichkeit anziehend ist und der Mann, der uns gegenüberliegt, auch nicht den tollen Body bietet. Wir finden zum Beispiel Robert de Niro cool, erotisch – hat der etwa einen Waschbrettbauch? Der hat ein listiges Lächeln in den Augenwinkeln, eine lässige, souveräne Art, sich zu bewegen. Frauen können diesen Coolheits-Bonus auch haben. Wer kein Gedöns macht um seine nicht mehr so straffen Oberschenkel, der muss auch nicht fürchten, dass sie negativ auffallen. Es kommt nicht darauf an, wie der Körper aussieht, sondern was wir mit ihm machen. Wer sich selbst nicht schön findet, strahlt nicht, den finden auch andere nicht schön. Was wir immer vergessen: Auch Dreißigjährige sind nicht perfekt. Ein Leben lang haben wir uns gegrämt, wegen O-Beinen, langer Nase und Schlupflidern. Jetzt aber glauben wir rückwirkend, Schönheitsköniginnen gewesen zu sein. Vergessen Sie's. Unsere Attraktivität ist die Überzeugung, eine tolle Frau zu sein – und die kann mit den Jahren nur gewachsen sein.

Locker bleiben

Seit ich anfing, auf die 50 zuzugehen, habe ich mit vielen Männern über ihr Verhältnis zu gleichaltrigen und jüngeren Frauen gesprochen. Und es ist alles viel weniger schlimm, als wir immer denken. An Jüngeren schätzen sie vor allem den offenen Geist, die Abenteuerlust, die Unbekümmertheit – alles, was im Laufe des Lebens verloren gehen kann, genauso wie ein fester Hintern. Nur grübeln wir immer viel zu viel über den festen Hintern und viel zu wenig über offenen Geist, Unbekümmertheit und Abenteuerlust. Wer sich die bewahrt, kommt auch bei Männern gut an.

Von festem Fleisch reden Männer weniger. Vielleicht aus Rücksicht, aber mir scheint, dass es wirklich zweitrangig ist. Schön genug für die Liebe finden sie Frauen immer dann, wenn diese sich schön genug fühlen. Wenn eine Frau nach dem Beischlaf aufsteht und aufrecht nackt durchs Zimmer geht, dann sieht der Kerl nicht ihre Dellen, sondern ihre sexuelle Souveränität.

Die Autorin Marlise Schori hat über späte Lieben geschrieben (»Verliebt mit fünfzig«, Kreuz Verlag). Ihr Fazit: Solche Beziehungen sind unverkrampfter. Man respektiert die Persönlichkeit des anderen, erwartet nicht, vom Partner glücklich gemacht zu werden, sondern weiß, dass man dafür selbst verantwortlich ist. Zudem muss man kein gemeinsames Leben mehr aufbauen. Viele Ziele sind erreicht oder abgehakt. Auch der Sex sei besser, erklärten die von Schori interviewten Frauen, einige entdeckten die wahren Freuden der Erotik erst in den Wechseljahren.

Solange es tolle Männer gibt, die ihr eigenes Älterwerden nicht mit fremder Jugendlichkeit abwehren müssen, geht die Sache für mich und meine Freundinnen in Ordnung. Wir brauchen keine Warteschleife mehr mit Kerlen, die auf uns scharf sind. Nicht mal fürs Ego. Wir haben inzwischen andere Sachen entdeckt, die uns stark machen. Längst nicht mehr die zweifelhaften Angebote von Typen, die mal eben die Elastizität des Materials prüfen wollen.

Sex haben zu wollen ist ein schönes Gefühl. Wer will, der kriegt ihn auch. Wer nicht will, strahlt das auch aus und schämt sich seiner Dellen. Schade. Denn: Besser wird's nicht mehr, es sei denn, wir ziehen plötzlich das Sportprogramm durch, zu dem wir bisher viel zu bequem waren. Experten sagen, Bewegung bringt's in jedem Alter. Muskeln lechzen nur so danach, durch Benutzung angesprochen zu werden, dann bauen sie sich prall auf und verdrängen das dellige Fett. Auch ein Weg zu besserem Sex. Und doppelt gesund: Erstens sind Muskeln gut für Gelenke, Sehnen und Bänder und zweitens ist Sex gesund. Zum Vorspiel also ab ins Fitnessstudio – gar keine so dumme Idee! Wer eine Zeit lang Sport macht, mag seinen Körper automatisch mehr. Erstens weil sich die Investition ja lohnen muss – wir sind bereit, kleinste Veränderungen bei der Straffung der Figur zu genießen. Und zweitens erholt sich natürlich das allgemeine Körpergefühl, wenn wir mehr Kraft haben und das Puddinggefühl beim Treppensteigen und Einkaufskörbeschleppen plötzlich weg ist. Mehr Power kann auch im Bett nicht schaden. Also: Nicht verzagen, wenn der sexy String kneift – was tun. Abspecken, Muskeln straffen – der einzig mögliche Jungbrunnen.

Und bis dahin: Nicht die gute Laune verlieren bei angstvollen Gedanken über Gewebefestigkeit! Sex ist kein Haltbarkeitstest für Polstermöbel.

Männer reagieren auf offene, offensive Frauen grundsätzlich positiv – die meisten jedenfalls, das Alter wird nur zum Problem, wenn wir es problematisieren. Beispielsweise bei Internet-Flirts wird's deutlich. Wer seine 52 Jahre ehrlich angibt, bekommt auch Angebote. Nicht hunderte, aber ein paar Dutzend schon. Es kommt drauf an, locker, cool und sexy zu bleiben. Das zählt mehr als das Geburtsdatum im Pass. Ich habe einmal für eine Recherche zum Thema Partnersuche unter der Überschrift »Lust auf Mann« annonciert. Da war ich 49. Die Antwortflut war überwältigend. Und einige haben klar ausgedrückt, was sie angetörnt hat: Endlich mal eine Frau, die sich zu ihrer Lust bekennt. Es tat mir richtig Leid, dass ich gar nicht auf der Suche war. Und ich habe allen Frauen in meinem Alter erzählt, wie ungeheuer positiv, offen und freundlich die Männer geschrieben haben – nur, weil sie eine Gleichgesinnte vermuteten, eine, die sich mag und die Liebe. Das Alter war kein einziges Mal Thema. Auch nicht bei den unter 40-Jährigen, die sich meldeten.

Humor ist sexy

Nicht an der nachlassenden Attraktivität liegt es, wenn Frauen über 50 weniger Chancen haben, sondern an ihrem Leiden unter der nachlassenden Attraktivität. Man kann sich vergraben und mit sich hadern, dann muss man im Fotoalbum blättern und seufzen, wie schön man mal war. Und auf die Enkel warten. Und denen dann erzählen, wie schön man mal war (sie werden es erstens nicht glauben und zweitens langweilig finden). Aber dann darf man sich bitte nicht beschweren, dass nichts Aufregendes passiert.

Dieses allgemein übliche Gerede über unsichtbare Frauen im Klimakterium verbreitet sich wie die Vogelgrippe. Schlimm daran ist: Es zieht auch Halbentschlossene und Unsichere runter. Sie versuchen dann schon vorauseilend nicht, ihrem Liebesleben neuen Glanz zu geben – und geben durch ihr unglückliches Beispiel wieder denjenigen Recht, die maulend auf dem Sofa sitzen und bei Rotwein und Schokolade die Männerwelt verfluchen. Mehr Ehrlichkeit tut allen gut: Im Versteck entdeckt werden – das ist was für Dornröschen, nichts für erwachsene Frauen.

Schüchternheit ist mit 20 kein Problem. Die rosige Haut lockt immer genug Männer, die sich mühen, die Grenze zu unserem Herzen und zu unserem Unterleib zu überwinden. Zu viel Zurückhaltung mit 50 wirkt dagegen vertrocknet. Lebensspuren im Gesicht und an der Figur vertragen sich nicht mit Mauerblümchen-Gehabe. Besser ist Humor, der immer sexy ist, und jede Menge Coolness: Das heißt, ich mache mir meinen Wert klar und zeige, dass ich wertvoll bin. Das macht anziehend. Nicht mädchenhaftes Anbiedern wirkt, sondern ein klares Bekenntnis zu dem, was ich bin und was ich will. Und wenn ich eine Männerbekanntschaft und Sex will, kann ich das signalisieren, ohne Skrupel. Ob verheiratet oder nicht: Eine 50jährige hat nicht mehr so viele Sommer, um sich lange mit Angst und Moral herumzuschlagen. Wer Verlangen spürt, ist lebendig. Die offensive Methode setzt allerdings voraus, dass wir uns gut gehalten haben, wie es immer so nett heißt. Wer also Verlangen spürt, muss auch dafür sorgen, anziehend zu bleiben. 20 Kilo zu viel und Klamotten von vorgestern sind keine Einladung ins Bett. Sie sagen etwas ganz anderes: Mich könnt ihr getrost übersehen, ich habe abgeschlossen, mich gibt's auf dem Liebesmarkt nicht mehr. Auch eine Entscheidung, die mit 50 möglich ist – aber dann bitte ohne Jammern und Meckern über oberflächliche Kerle und schreckliches Altern.

Jammern macht hässlich

Rund 15 Millionen Frauen in Deutschland sind über 50 Jahre alt. Natürlich sind die total unterschiedlich. Weil für die Lebenschancen einer Frau nun mal nicht vorrangig ihr Jahrgang verantwortlich ist, sondern sehr viel anderes mehr. Es gibt die supercoolen Sharon-Stone-Typen – die in »Basic Instinct 2« mit fast 50 das sexy Biest spielte. Die sind selten, jedenfalls diesseits der Leinwand. Aber sie sind der Beweis. Um die Zahl der Jahre geht es nicht – es geht um Haltung! Wie wir altern, hat damit zu tun, wie wir jung waren. Es ist leichter, eine lockere 50-Jährige zu sein, wenn man vorher ein lockeres Leben geführt hat. Wer früh in ein Leben wie ein Korsett gesprungen ist, hat jetzt die Aufgabe, es abzulegen. Das ist mühsam, Druckstellen bleiben. Aber es lohnt sich.

Offenbar kann man sich entscheiden, was für eine 50-Jährige man sein will. Ein Hauch Sharon Stone ist genauso möglich wie ein Zipfelchen Mutter Beimer. Ängstliches Warten auf die Wechseljahre oder Lust auf Lust. 50 ist also kein Schicksal, 50 ist ein offenes System. Genauso wie 40 oder 30.

Zum Glück gibt es die Mutmacherinnen, die sich selbst mögen und auf die die 40- und 30-Jährigen schauen und denken: Ist doch gar nicht schlimm, älter zu werden – wenn man es so hinkriegt wie die! Und da sind auch die Bequemen, die für ihre Probleme mit dem Älterwerden die Welt verantwortlich machen. Den Jugendwahn und die Hormone. Dabei ist Jammern immer ein Eigentor. Als Wrack im Jammertal des Alterns lässt es sich bequem schimpfen über die Kälte der Gesellschaft, besonders über die Männer, die angeblich alle nur Jüngere wollen. Aber am Jahrgang liegt das nicht. Das gibt es nicht, dass eine aktive, selbstbewusste Frau zum unglücklichen Mauerblümchen mutiert, bloß weil der Kalender umspringt.

Manchmal scheint das Stöhnen über das Altern wie eine Ausrede. Ein vorgeschobener Grund, sich keine Mühe mehr zu geben. Dick zu werden und/oder denkfaul. Klar ist es etwas anstrengender geworden, früh aufzustehen, frisch auszusehen, den Tag mit Kraft anzugehen. Es ist auch nicht einfach, an der rasant wechselnden Technik dranzubleiben. Und man ist schon versucht, alles einfach schrecklich zu finden, was man nicht versteht. Die Jugend, wie sie in den Tag hineinlebt, die Gebrauchsanweisung fürs Handy, WLANs, iPods und Palms ...

Wer aber deswegen immer öfter dem Ruf der Couch und der Marzipanpralinen nachgibt, darf über den Jugendwahn nicht giften. Der fördert ihn selbst nach Kräften – als schlechtes Beispiel.

Für Frust und Tatenlosigkeit haben immer noch wir selbst Verantwortung, egal übrigens wie alt wir sind. In Wahrheit ist es doch so: Wer keinen Bock auf sich selbst hat, darf sich nicht wundern, wenn andere auch keinen Bock auf ihn haben. Jammern macht unattraktiv, nicht das Geburtsdatum im Pass. Können wir verlangen, dass Männer uns mögen, wenn wir selbst es nicht tun?

Besser scheint es, geradeheraus zu sagen: Ich bin 52! Noch Fragen? So schlägt es jedenfalls Fernsehfrau Sabine Krone-Schmalz in einem Interview vor. Die hatte schon immer einen hohen Coolheitsfaktor, wenn sie mit ihrem Dreieckpony aus Moskau berichtete. Der ist ihr weiter sicher. Sie mag sich und das sieht gut aus.

Wenn die Liebe rostet

Zehn Prozent aller Scheidungen betreffen Ehen, die länger als 25 Jahre gedauert haben. 2003 waren es zum Beispiel 20 000 Paare, die nach 26 gemeinsamen Jahren das Handtuch warfen. Tendenz steigend. Innerhalb von zehn Jahren gab es eine Steigerung später Trennungen um 36 Prozent. Professor Insa Fooken, Entwicklungspsychologin der Uni Siegen, hat das Phänomen erforscht. Sie sagt: »Es sind mehr Frauen, die gehen. Die Männer schaffen allerdings die Umstände.« Die klassische Rollenverteilung zwischen Mann und Frau hat einst das Scheidungsrisiko gemindert. Jetzt haben auch ältere Frauen einen Modernisierungsschub durchgemacht, wie Insa Fooken sagt. Unterdrückung durch den Ehemann nehmen auch sie immer weniger hin.

Frauen sind die Beziehungsarbeiterinnen, also machen sie auch den Großteil der Trennungsarbeit. Wann ist es Zeit, eine alt gewordene Ehe aufzugeben, die eigentlich schon fast Artenschutz genießen könnte?

Prof. Annelie Keil, Soziologin und Psychosomatikerin an der Bremer Uni, sagt, wenn man sich gegenseitig zum Unglück wird, dann ist es »Menschenpflicht, sich zu trennen«. Wenn zwei weder ihr eigenes noch ein gemeinsames Leben miteinander hinkriegen, weil sich Demütigung, Gewalt, Groll eingeschlichen haben, wenn der Alltag nicht mehr läuft, wenn man sich körperlich nicht mehr gut fühlt, wenn das Klima unwürdig wird, dann muss man gehen aus dieser krank machenden Beziehung.

Unglück in der Beziehung ist nach Überzeugung von

Annelie Keil gefährlicher für die Gesundheit als Unglück durch eine Trennung.

Immer mehr Scheidungen sind auch ein Effekt unserer gestiegenen Lebenserwartung. Länger leben heißt auch besser leben wollen. Wenn wir in der Ehe leiden, denken wir eben nicht mehr: Die paar Jahre, die kriegen wir auch so noch miteinander rum. Wir haben den Anspruch auf Glück in der Liebe noch lange nicht aufgegeben. Im Gegenteil: Wenn da schon ein Mann in meinem Leben ist, dann nicht nur, damit ich seine Socken waschen kann. Genuss, Sex, Beziehung – Fragen der Lebensqualität. Und für Qualität haben die Fünfziger ja nun wahrlich ein Gespür. Ist die Ehe eine Last, gehen auch noch ältere Paare auseinander. Sie sind es sich wert, jedes einzelne Jahr ist es ihnen wert, gut gelebt zu werden. Wenn ein Mann heute 50 ist, hat er im Schnitt noch fast 30 Jahre zu leben, eine Frau 33 Jahre.

Eheberater beobachten: Trennungskrisen gibt es vor allem, wenn er aus dem Beruf ausscheidet. Das ist eine der großen Kränkungen, auch wenn es ganz normal zu sein scheint. Ist die Frau schon länger raus aus dem Job, kollidieren jetzt die Interessen. So viel freie Zeit war nie vorher! Jetzt haben alle Interessen und Gelüste eine Chance, die früher zurückstehen mussten. Wandern, bei Greenpeace mitmischen, den Garten umwühlen, Freunde in anderen Städten besuchen, alte Wurzeln suchen, Kunstgeschichte studieren. Gut dran sind Paare, die Freunde geworden sind in der langen gemeinsamen Zeit. Freunden fällt immer etwas miteinander ein. Und sie lassen sich auch los, damit jeder für sich sein kann. Schwierig wird es, wenn beide blindlings weitermachen wollen wie immer, obwohl sich der Rahmen verändert hat. Ohne Kreativität kann eine alte Ehe nicht überleben.

Alte Männer müssen sich oft von ihren alten Frauen dominieren lassen. Neulich habe ich es wieder in einem Restaurant beobachtet. »Nein, das kannst du nicht bestellen, das verträgst du ja doch wieder nicht!«, rief die Frau laut genug über den Tisch, dass ich es hören musste. Der Mann sah erbarmungswürdig hilflos aus. Der Grund für solche Bevormundung im Alter: Rache. Alte Frauen drehen den Spieß um. Jahrzehntelang war er der Haushaltsvorstand, allerdings in Abwesenheit, weil er arbeiten war. Jetzt ist er seiner Vormachtstellung beraubt, kriegt auch nur Rente, jetzt ist sie die Chefin, da wo sie sich auskennt: zu Hause. Wann ist die Liebe hier gegangen? Es muss Jahrzehnte her sein. Lange bevor ihre Stunde geschlagen hat, ihn als alten Trottel vorzuführen.

Unsere Jahrgänge erwarten etwas anderes, wenn sie mit dem Partner alt werden. Wir wollen keine skurrilen Vorlagen für künftige Altenwitze werden, wir leben ein selbst bestimmtes Leben, Jahr für Jahr, auch wenn wir über bestimmte Grenzen kommen. Dass es sich jetzt nicht mehr lohnt, glücklich sein zu wollen, so denkt keiner von uns. Also gibt's auch Scheidung bis in den Tod. Erna Philipp ließ sich nach jahrzehntelanger Unterdrückung und Demütigung durch ihren Mann ein Jahr vor der goldenen Hochzeit scheiden. Sie sagt in einer Reportage in der »Brigitte«: »Mir ist es in meinem ganzen Leben noch nie so gut gegangen wie nach meiner Scheidung.« Und sie hatte so lange solche Angst davor gehabt.

Wenn er zur Jüngeren geht

Eines Tages rief mich meine Freundin Angelika an. Sie konnte kaum sprechen, so sehr weinte sie. Wir trafen uns am Friedhof, wo wir einen langen Spaziergang machten. Ihr Mann hat also eine andere, so jung wie seine Töchter. Sie wütet, klagt an. Das Schwein, der Schuft, der Arsch. Ich höre zu. In mir tauchen Szenen dieser Ehe auf. Ich sehe ihn vom Job aus der Klinik kommen, die Tasche in die Ecke schmeißen und zu den Mädchen ins Kinderzimmer rennen. Ich sehe Angelika maulen, weil er nicht an frisches Brot gedacht hat. Ich sehe sie lachen, wenn er Tee verschüttet. Ich weiß noch, wie ich mich über diese Ehe immer gewundert habe. Angelika, die goldblonde Schönheit, war die Prinzessin. Immer eingeschnappt. Er hat versucht, ihr alles Recht zu machen. Hat Karriere gemacht, Geld verdient, ein Haus gebaut, die Mädchen auf gute Schulen geschickt, Bücher geschrieben. Angelika hat in verschiedenen Jobs halbtags gearbeitet, kein eigenes Berufsziel verfolgt, hat den Haushalt versorgt und die Familienarbeit gemacht. Jetzt hat der Mann andere Chancen, er ist ein grau melierter Professor. Die Studentinnen himmeln ihn an. Männer, besonders wenn sie erfolgreich sind, erleben ihre Wiedergeburt als Einzelwesen nach dem langen »Wir« in der Ehe oft mit jüngeren Frauen. Ich habe das mehrmals beobachten müssen. Und mich gewundert, wie lange eine solche Besitzgemeinschaft des einen am anderen überhaupt halten konnte. »Die Ehe kann nur frei und sexuell sein, wenn sie keine Gefangenschaft ist«, sagt Erica Jong. »In einer Ehe frei zu sein, ist vielleicht die schwierigste Herausforderung.«

Es gäbe eine Menge zu sagen über die Feigheit und Bequemlichkeit von Männern, die quasi wie Schläfer so lange in einer unbefriedigenden Ehe überwintern, bis ein Hauch von Frühling in Gestalt einer jungen Frau mit Vaterkomplex oder sonst welchen unerfüllten Wünschen an reifere Männlichkeit sie wiedererweckt. Ja, es schmerzt, zu sehen, wie ein unerfahrenes junges Ding daherkommt und ihn entführt, vermutlich zu dem Sex, den wir schon seit Jahren vermissen. Aber hier soll es nicht um die Männer gehen, die solche Chancen bekommen, sondern um die Frauen, die dabei zurückbleiben. Was machen sie nun aus der Katastrophe? Sie können locker eine Menge andere Frauen finden, die mit ihnen über »das Schwein« herziehen. Nur hilft ihnen das gar nichts. Okay, eine gesunde Wut ist besser als stilles Leid oder gar selbstabwertende Schlussfolgerungen. Wut ist gut und tut gut. Sie hilft, nicht im Selbstmitleid zu ertrinken.

Angelikas blondes Haar ist von feinen Silberfäden durchzogen, sie ist immer noch schön, aber sie ist unzufrieden, weil sie sich gelinkt fühlt. Um den Lohn ihres Verzichts betrogen. Ich sage auf unserem Spaziergang: Es ist *sein* Leben, er gehört sich selbst. Die Ehe ist nicht dazu da, das Glück des einen zu verhindern. Und wenn er sein Glück jetzt im Ausbrechen sieht, ist es sein Recht, diesen Fehler, der es wahrscheinlich ist, zu begehen. Du bist auf dich gestellt. Es ist höchste Zeit. Sie hörte auf zu weinen, sah mich erstaunt an und sagte: Jetzt weiß ich, warum ich es zuerst dir erzählen wollte. Sie hat später noch oft geweint. Und ich habe sie getröstet und auch auf ihren Mann geschimpft. Aber nicht, weil er gehen wollte, sondern weil er nicht mit ihr geredet hat über seine Gründe. Er hat sie stehen lassen mit der großen Frage: Was war unser Leben? Warum ist es zu Ende? Und was mache ich nun? Die letzte Frage muss Angelika selbst beantworten, aber sie hätte es leichter, wenn er ihr bei den ersten beiden Antworten geholfen hätte. Es ist schwer zu begreifen, warum alte Paare sich das antun: gehen und schweigen. Entweder ist alles gesagt, nur hat einer nicht zugehört. Oder es ist späte Rache für vorangegangene Kränkungen. Wem immer es passiert, es ist leichter, sich selbst zu fragen: Was habe ich getan, dass es so gekommen ist, als den anderen zu verteufeln. Wer in der Opferfalle bleibt, hat Füße wie Blei und kann nicht weitergehen.

Ich schlage meiner Freundin vor: Erinnere dich an die Vorzüge, grolle nicht. Grollen macht nichts besser! Mit 50 ist ein Neuanfang nicht leicht, aber möglich. Mit 28 und zwei kleinen Kindern, so wie ich es erlebt habe, ist es auch nicht viel leichter. Im Kreis meiner Freundinnen haben allein drei nach traumatischer Trennung einen neuen Partner. Zwei übrigens einen Jüngeren.

Trennung überleben

Prof. Annelie Keil, die sich mit dem Zusammenspiel von Körper, Geist und Seele beschäftigt, sagt zum Verlassenwerden: »Man müsste erst mal gar nicht so am Boden zerstört sein, wenn man begreifen würde, dass Liebe kein Tank ist, an dem man bis zum Ende der Tage immer den Saft abzapfen kann. 13 Jahre Beziehung sind doch auch schon sehr schön. Die Liebe ist eine Energie, die sich jeden Tag verändert. Ihre Endlichkeit ist allgegenwärtig. Auch das macht sie so wertvoll.«

Liebesqualen haben immer ein Gutes: Wir lernen draus und werden weise Liebende. Überstandenes Leid kann ein Gesicht veredeln, es gibt Tiefe, besonders wenn ein frischer Hauch wissendes Lächeln über allem liegt. Das macht voll erwachsene Frauen liebenswerter als unruhige Anfängerinnen. Unsere Gelassenheit ist es, die gute Männer begehren. Wer aus tiefem Absturz aufgestanden ist, hat eine Aura von Kraft entwickelt, die nicht abstößt, sondern anzieht. Der Mann spürt: Da ist eine, die durchblickt, die muss ich nicht an die Hand nehmen, um ihr das Leben zu zeigen.

Als ich einmal nach acht Jahren verlassen wurde – allerdings bin ich aktiv gegangen, weil ich mich durch seine Untreue genötigt sah –, habe ich nach kurzem, heftigem Schock alle Maßnahmen ergriffen, die ich zu meiner Rettung finden konnte. Ich wollte nicht untergehen in der Qual, weggeworfen, ausgetauscht zu sein. Ich war 47 und empfand mein Alter plötzlich als Last. Mit 50 war ich wieder obenauf. Eine Woche nach meinem Fünfzigsten traf ich einen jungen Mann von 37 und verliebte mich hemmungslos in ihn. Keine Ahnung, ob das ausgleichende Gerechtigkeit war, die Liebe am nächtlichen Ostseestrand war einfach toll. Aber bis dahin hatte ich viel zu tun: Umzug, Selbsthilfegruppe für Getrennte, Therapie, Sport, Affären, die mehr oder weniger enttäuschend verliefen. Ich habe nach der Trennung vom ersten Moment an gewusst: Jetzt geht's um mein Leben. Wenn ich nicht tot sein will – und das erschien mir eindeutig zu früh –, muss ich kämpfen. Nicht um ihn! Um mich. Zuerst habe ich mehr geahnt als verstanden, dass die Trennung schon irgendwie richtig war. Für ihn und für mich. Wir hatten es nicht geschafft, einander das zu sein, was wir brauchten. Und ich war 50 Prozent von dem Problem. Ich habe ihm verziehen, weil ich es wollte. Ich wollte nicht mit Gift im Herzen leben. Und ich glaube an Gerechtigkeit auf Umwegen. Ich bilde mir ein, in meiner Trennungsqual mehr über mich und mein Leben verstanden zu haben als er. Denn er stolperte ja gleich in eine neue Beziehung, die folgerichtig auch wieder zu Ende ist. Ich habe das Ende zum Anfang gemacht, habe mich sorgfältig darauf vorbereitet, eine Frau von 50 zu werden, habe meine Träume und Ansprüche neu sortiert. Ich habe profitiert und kann mir eine Beziehung wie diese damalige für mich heute nicht mehr vorstellen. Ich bin gewachsen. Das wünsche ich allen Frauen, die um die 50 herum verlassen werden.

Manche Erkenntnisse brauchen viel Zeit. Und darum brauchen manche mehrere Trennungen, um zu den wesentlichen Fragen vorzudringen. Liebe ist ein Kind der Freiheit, sagen wir, aber sie beginnt jedes Mal mit einer Inbesitznahme. Eigentlich ist es doch so: Man brennt praktisch jedes Mal mit einem Wildfremden durch, weil die Hormone tanzen und man glaubt, ihn schon ewig zu kennen. Die falsche Vorstellung, dass das wunderbare Gefühl der Verliebtheit reicht, um ein Leben zu gestalten, die schafft Trennungen. Liebe ist Provokation, Utopie. Eines machen wir uns nicht klar: Bis zum letzten Atemzug werde ich meinen Partner nicht kennen. Ich weiß nicht, wie er sich verhalten wird, wenn unser Kind behindert geboren wird, wenn er arbeitslos wird, wenn unser Sohn in der Pubertät Drogen nimmt. Dieses Fremde kann eine Herausforderung sein, sich in der Liebe zu entwickeln. Ohne diese Haltung scheitern Beziehungen reihenweise.

Man kann Konflikte lange, vielleicht Jahrzehnte, verdrängen, auf einmal nicht mehr. Fünfzig ist oft der magische Punkt, an dem Unaufgelöstes zutage tritt, weil die plötzlich sichtbare Endlichkeit zu mehr Effektivität, zu mehr Sorgfalt mit sich selbst mahnt. Wenn man das versteht, löst man sich von falschen Erwartungen. Und wenn es in einer nächsten Beziehung wieder Probleme gibt, kann ich sagen: Dich Problem kenne ich. Und diesmal gehe ich anders damit um. Jetzt laufe ich nicht wieder weg. Ich sage früher etwas. Und ich überrolle meinen neuen Freund nicht mit neuen Wünschen, sondern lerne, die Liebe zu leben.

Aber als Erstes gilt es nach einer Trennung, die Existenz zu sichern: Wo wohne ich, von welchem Geld lebe ich, welche Auswirkungen hat das alles für die Kinder? Das ist der erste Wurf in die Zukunft, das ist der erste Heilungsschritt. Da sind wir weder hilflos noch hoffnungslos. Das sind die Dinge, die den Seelenschmerz in Schach halten können, wie etwa die Organisierung einer Beerdigung nach dem Tod eines nahen Menschen. Die Seele braucht mehr Zeit. Viel Zeit. Aber auf keinen Fall braucht sie, dass das Leben vor lauter Schmerz stillsteht. Solche Gedanken bringen nichts: Ich kann nichts dafür, ich kann nichts machen, ich werde nie wieder einen Mann bekommen, ich bin außen vor, jetzt bin ich arm, ich bin diskriminiert.

Etwas hilft immer: gnadenlose, wirklich restlose Ehrlichkeit mit sich selbst. War er wirklich die große Liebe? Was hat gefehlt am gemeinsamen Glück – mir und auch ihm? Wäre ich auch gegangen, wenn ich eine Chance gesehen hätte? Zu den Schmerzen gehört immer Kränkung wegen verletzter Eitelkeit – wie sehr schmerzt der Verlust des Partners wirklich, wenn wir die abziehen? Welche Rolle spielt die Angst, jetzt vieles allein schaffen zu müssen? Was war die Zeit mit diesem Menschen für mich? Welche Qualitäten habe ich eingebracht, welche aber nicht? Was will ich eigentlich von der Zukunft? Wo stehe ich, wo komme ich her, wo will ich hin? Es kommen die Grundfragen wieder hoch. Meine Eltern haben mich nicht geliebt, mein Mann auch nicht, ich bin nicht attraktiv genug …

Im hässlichen Ende wird leider oft das ertränkt, was vorher gut war. Das ist schade. Dabei ist es so einfach: Wenn jemand mich, aus welchen Gründen auch immer, nicht mehr liebt, muss ich es aushalten. Ich kann niemanden zwingen, mich zu lieben. Scheiden tut weh. Es hat aber auch keiner versprochen, dass das Leben nicht wehtut.

Annelie Keil, die 67 Jahre alt ist, sagte gegen Ende meines Interviews mit ihr: »Ich wurde schwer krank, nachdem ich verlassen worden war, und der Zeitpunkt war kein Zufall. Das hat alles geändert. Ich dachte, du wirst doch nicht aus Kummer um einen Mann dein Leben hergeben. Ich habe mich plötzlich in mein eigenes Leben verliebt.« (Annelie Keil: »Wenn Körper und Seele streiken«, Hugendubel)

Liebeskummer mit 50

Liebeskummer ist ein bisschen wie Sterben – nur mitten im Leben. Eigentlich glauben wir, inzwischen immun dagegen zu sein. Abgehärtet. Sind wir aber nicht. Das ist gut so, denn wer kein Liebesleid kennt, kennt auch keine Liebesfreude. Das ist mit 50 nicht anders.

Meine Freundin Susanne hatte nach ihrer Ehe acht Jahre lang einen sieben Jahre älteren Geliebten. Sie ertrug seine Depressionen, half ihm bei der Arbeit, nahm sich zurück, denn sie glaubte, mit ihm die große Liebe gefunden zu haben. Trotzdem kritisierte sie ihn auch, wenn er sich auf Partys wieder mal unmöglich benommen hatte, sich in den Vordergrund gespielt, mit Projekten angegeben hatte, die reine Luftnummern waren, wie sie wusste. Das empfand er als nörgeln. Er glaubte, Besseres verdient zu haben. Bewunderung. Die fand der 60-Jährige bei einer 27-jährigen Studentin. Und Susanne blieb mit dem Satz »Mir reicht's« zurück. Keine weitere Erklärung, kein Bedauern, kein würdevoller Abschied. Erst allmählich begriff sie, was ihr passiert war. Sie war allein, mit 51. »Ich hatte bis dahin über mein Alter nicht nachgedacht. Auf einmal fühlte ich mich dick und alt.« Die Wiener Psychologin und Psychotherapeutin Gerti Senger, die ein Buch über Liebeskummer geschrieben (»Liebeskummer«, Herbig) und über dasselbe Thema promoviert hat, sagt: »Mit 25 kann ein leidender Zug ein Gesicht veredeln, mit 50 sieht Leid nur vergrämt aus.«

Natürlich stehen die Männer jetzt nicht mehr in Dreierreihen an und denken: Endlich kann ich sie anrufen. Alles andere am Liebesschmerz ist aber in jedem Lebensalter gleich. Wir müssen jedes Mal durch alle Phasen der Heilung. Nach Angst, Leugnung, Lähmung und Rückzug kommt erst die Akzeptanz – die eigentliche Trauerarbeit beginnt, das erste Mal Licht am Ende des Tunnels. Susanne ist noch immer allein, aber das liegt nicht am Alter. Sie sieht traurig aus, hat Sorgen im Beruf, zu wenig Geld und 15 Kilo zu viel. Mag sein, dass sie als deprimierte 20-Jährige mit einem zarten Trauerflor um die Augen ihre Fans gefunden hätte. Ihr praller Hintern hätte sicher die begehrlichen Blicke von ihren sorgenvollen Augen abgelenkt. Aber ist es das, was sie jetzt braucht? Braucht sie nicht eher einen Typ, der ihre Probleme versteht und ihr mit seiner Zuneigung neuen Glauben an sich selbst gibt? Genau das. Vielleicht kommt er ja noch. Susanne ist gebildet, interessiert an Literatur und Geschichte – mit ihr ist es nie langweilig. Sie sieht ein bisschen aus wie ein Gemälde aus einem anderen Jahrhundert. Und sie widerspricht gern. Ein Mann, der das schätzt, wäre ein Glückstreffer. Ich wiederhole: in jedem Alter. Frauen wie Susanne haben nur eine Chance: für sich selbst so gut zu sorgen, wie es geht, mit dem ganzen tollen Know-how, das ihnen das Leben gegeben hat. Und sich nicht verdrießen lassen. Verdruss ist das Schlimmste. Verdruss macht alt. Wer ihn ins Herz lässt, erlaubt ihm, dort zu wuchern. Kein Mensch wird eine grollende Alte beim kalten Händchen nehmen und sie ins Land der Freude entführen. Erst muss sie sich selbst aus dem Sumpf ziehen, dann wird ihr Bestätigung entgegenkommen.

Clevere suchen Hilfe gegen Liebeskummer beispielsweise im Netz: Das Leiden kann extrem verkürzt werden, indem man sich mit einem Stapel Taschentücher und einer Kanne Tee, wahlweise einer Flasche Rotwein, an den PC setzt und mit fremden Männern flirtet. Die Tasten klappern, das Herz fließt über, die Wut kocht – und alles zieht ab in die

Unbestimmtheit des World Wide Web. Selfmade-Therapie. Anteilnahme ist sicher, aufbauende Scherze auch, und das Gefühl stellt sich ein, so verdammt allein bin ich ja gar nicht. Da draußen leiden sie genauso. Tausende Suchende können sich nicht irren: Das Leben ist doch ganz schön. Auch Langeweile in der Partnerschaft ist gut über den Rechner auszugleichen. In E-Mails kann man getrost über den eigenen Alten abkotzen und wird zu lesen bekommen: Das ist doch noch gar nichts. Meiner ....

Dann springt sogar eine Einladung in den Schwarzwald oder an die Nordsee raus, wie ich unlängst von einer Bekannten hörte. Gemeinsamkeiten machen Freundschaft. Der übellaunige Alte putzt sich erstaunt die Brille und wir sind weg. Durchaus im Bereich des Wahrscheinlichen, dass er bei Rückkehr endlich mal wieder seinen berühmten Rehbraten serviert und die Aufmerksamkeit in Person ist, heißer Sex inklusive, denn er muss sich ja vergewissern, ob er noch angesagt ist.

Silvia Fauck betreibt in Hamburg seit sechs Jahren eine Praxis für Patienten mit gebrochenen Herzen (www.liebeskummerpraxis.de). Über Patientinnen um die 50 sagt sie: »Liebeskummer wird einem in dem Alter kaum zugestanden, mit 50 sollte man zur Ruhe gekommen sein, aber so ist es nicht, da tut sich in der Liebe noch ganz viel.« Darum hat sie Erfahrung mit Love-sickness in den Fünfzigern. Die Enttäuschung, meint sie, sitzt besonders tief, wenn einer denkt: Ich bin angekommen. Und er muss feststellen, der andere empfindet ganz anders. Das Schlimmste ist der Vertrauensverlust in sich selbst. Es ist doch nicht das erste Mal, dass die Liebe schiefgeht. Wir denken, wir sind nun wirklich erwachsen, und machen scheinbar immer wieder dieselben Fehler. Das kränkt.

Solche Erfahrungen sind aber auch wertvoll wie »Baden in Drachenblut«, sagt die Psychologin Ursula Nuber, die sich intensiv mit Partnerschaft und Selbstwertgefühl beschäftigt (»Was Paare wissen müssen«, Krüger). Sie macht Mut, sagt, mit 50 haben wir bessere Bewältigungsstrategien für den Liebeskummer als mit 20: »Da haben Menschen schon Krisen bewältigt. Ihr Glaube an sich selbst ist größer, sie hatten Zeit, ihr Selbstwertgefühl zu entwickeln, sie haben in der Regel ihren Weg gefunden. Die Lebensmitte ist die Zeit, in der Versäumtes nachgeholt werden kann. Jetzt geht es darum, *meinen* Weg zu finden, im Unterschied zu *unserem,* der mit Ehe und Familie verbunden ist.« Liebeskummer kann dabei auf dramatische Weise helfen.

Wenn Liebeskranke denken: Jetzt brauche ich Jahre, um mich wieder zu erholen, aber so viel Zeit hab ich nicht mehr, ist das pure Torschlusspanik. Stopp! Davon hat niemand etwas. Hören wir lieber genau hin, was dieser Kummer uns sagen will: Dieser Partner war es noch nicht. Und du hast noch Zeit. Zum Beispiel Zeit für dich selbst. Ohne Mann.

Am schwersten ist es, sich erst mal ohne Partner zu akzeptieren. Doch es ist zugleich auch das Wichtigste. Die Mannheimer Psychologin Doris Wolf hat das Verlassenwerden studiert und ein Buch darüber geschrieben (»Wenn der Partner geht«, PAL). Ihr Fazit: »Mit 50 eine Trennung zu bewältigen, ist dann besonders schwer, wenn das gesamte Lebenskonzept und der Selbstwert bisher über den Partner definiert wurde, wenn man noch nie allein gelebt hat, wenn man große Angst vor neuen Erfahrungen hat und sich wenig zutraut.« Umso wichtiger, das jetzt zu ändern. Da wo die Angst ist, geht es lang. Tanzkurs, Sprachen lernen, Sportstudio, Internet – was immer uns einfällt, bricht die Lethargie. Trauer muss sein, aber nur, damit es besser weitergeht als zuvor. Ursula Nuber ist da optimistisch: »In dieser Lebensphase lösen wir uns von Äußerlichkeiten, kommen zu mehr Innerlichkeit. Das heißt, wir sind nicht mehr so abhängig von der Zuwendung und Anerkennung anderer. Liebeskummer beschleunigt diese Entwicklung, wir haben die Chance, uns selbst zu finden, das bisher Ungelebte hervorzuholen.«

Happy End

Zusammen alt werden – das wollten wir schon mit 20. Natürlich dachten wir nicht ans Altsein, sondern an die Unendlichkeit. Jetzt haben wir die einmalige Chance, tatsächlich mit einem Mann alt zu werden. Einfach weil es nicht mehr so lange hin ist. Wir könnten es diesmal also tatsächlich schaffen. Ob mit einem Neuen oder, wie meine Freundin Hanni, mit demselben von damals. Hanni sagt nämlich: Ich war auch mehrere Male verheiratet, aber immer mit demselben. Jetzt, da sie und ihr Mann zusammen das Glück haben, Großeltern geworden zu sein, genießen sie es, im Park für die Eltern gehalten zu werden, und sie genießen, dass sie eine lebendige Ehe führen, in der Liebe und Erotik noch – oder wieder – einen wichtigen Platz haben. Trennungswünsche haben sie gemeinsam überstanden. Sicher auch, weil sie über die Jahre Freunde geworden sind. Die Liebe, sagt man, ist nicht für so lange gedacht, wie wir heute leben. Es muss schon auch tiefe Freundschaft hinzukommen, damit es einen Grund gibt, Flauten miteinander zu überstehen. Denn Freundschaft heißt: den Besitzgedanken Liebender abzulegen, den anderen sein zu lassen, wie er ist. Ihm zuhören, ihn nicht einschränken. Ihm seine eigenen Wege erlauben. Ihm vertrauen, dass er uns nicht schaden will. Selbst wenn es sehr wehtun kann, wenn er eigene Erfahrungen sucht, bei denen wir nicht dabei sein können. Es tut übrigens sofort weniger weh, wenn beide ihr Refugium haben, wenn nicht alles immer geteilt wird – wie in jeder anderen guten Freundschaft.

Job: Mit Erfahrung wuchern

Ein gesunder Wald besteht nicht nur aus jungen Bäumen.

Sprichwort

Endlich alt genug!

Wenn ich an meine berufliche Entwicklung denke, bin ich froh, keine zwanzig und auch keine dreißig mehr zu sein. Erinnere ich mich nämlich an jene Zeiten, dann tun mir die Tiefschläge, die ich aus Unwissenheit, Blauäugigkeit und anderen Schwächen einstecken musste, immer noch weh. Wie Phantomschmerzen an amputierten Gliedmaßen. Diese Unsicherheit, diese Sorge, man wird nicht verstanden, nicht ernst genommen, nicht gemocht! Die Laune des Chefs konnte einen tagelang im Keller halten. Und man hat tatsächlich gedacht, er macht das nur mit mir! Weil er mich nicht leiden kann. Dieses Buhlen um Punkte und das Schaulaufen vor Konkurrentinnen und Chefs. Das war anstrengender als die ganze Arbeiterei selbst. Wie viele Pläne hat man geschmiedet, die dann leider nicht aufgingen, wie viele Nächte gegrübelt, um an ein Ziel zu kommen, das gar keins war, wie viele Tränen geweint über die Ungerechtigkeit der Welt, weil eine andere das begehrte Projekt bekam, da sie vermutlich besser mit dem Hintern wackeln konnte. Vorbei. Mein Hintern gehört jetzt eindeutig ins private Fach, meine Leistung ist meine Leistung und sonst nichts. Und meine Neigung zur Eifersucht spielt sich überhaupt nicht mehr im Job ab. Ich habe ziemlich gründlich gelernt, was ich wert bin. Es hat aber eine Weile gedauert. Und es hat auch manchmal wehgetan.

Heute ist mir klar: Quasi jeder Nachteil der Ältergewordenen kann auch als Vorteil gewertet werden. Keine größeren Karrieresprünge mehr planen zu können (und zu müssen), heißt auch: Wir lassen uns ein, lassen uns nieder und nehmen an, was wir geschaffen haben, ohne diese innere Unruhe, weiterzumüssen, höher, schneller, besser. Bei der Betriebsfeier nicht die begehrteste Tänzerin zu sein – in Ordnung! Das überlasse ich schön den Jüngeren, denn die müssen sich ja von ihrem ganzen Stress auch mal die nette Kehrseite gönnen. Die quälen sich noch mit Kinderplanung oder haben gerade mit den positiven Folgen, also den lieben Kleinen, zu kämpfen. Ich weiß noch gut, wie das ist: gestückelter Nachtschlaf, angespannte Eheatmosphäre und dann im Job acht Stunden täglich die eigene Daseinsberechtigung verteidigen. Das war einmal. Bei mir sind die Kinder aus dem Haus, schlafen längst durch und können sich selbst Bratkartoffeln oder Spagetti machen.

Erfahrungen. Ein Wort, das etwa so sexy klingt wie Filzpantoffeln, warum eigentlich? Es ist doch genauso wertvoll wie Innovationskraft, Internetkenntnis und Marketingtalent. Soft skills klingt freilich hipper und jünger, heißt aber auch nichts anderes als: Erfahrungen und Intuition. Mit Menschen, mit Situationen, mit Tiefschlägen, mit Widersprüchen! Das Auf und Ab, das zu jedem Job gehört, die Zweifel und die Verzweiflung, aber auch die Bestätigung und das Durchgehaltenhaben – das macht stark. Bärenstark.

Wir sind so sexy, so begehrt und so top in Form, wie wir

uns fühlen. Wir haben Wirtschaftswunder und Sozialismus erlebt und überstanden. Und damit die unerschütterliche Erkenntnis, dass es erstens immer anders kommt, als man zweitens denkt. Und dass es irgendwie immer weitergeht. *Das* macht flexibel. Nierentisch und Cocktailsessel sind wieder da. Aber »Trau keinem über dreißig« aus den Sechzigern hat keine Funktion mehr. Denn das sind ja *wir*, die damit damals gegen das alte Establishment gewettert haben. Jetzt sind *wir* die »über dreißig«, aber eben keine reaktionären Überbleibsel, die sich für irgendwas zu schämen hätten. Es war eine verrückte Zeit, die uns geprägt hat. Beruflich wie privat. Wir können stolz drauf sein, ohne am Alten festzuhalten. Nie waren sie so wertvoll wie jetzt: Beatles, Peace und Pille. Was wären die heutigen Superstars ohne diese unerreichbaren Vorbilder. Clapton, Jagger, Knopfler. Und was wäre mein Job ohne den langen Atem, die tiefen Wurzeln und die Kraft der Weisheit? Ich weiß, was ich an mir habe. Ich hab jede Menge Zeiten im Blut, die Achtundsechziger plus die Neunziger. Weltumbruch, einstürzende Systeme und Computerrevolution – ich war dabei, bin dabei. Rückwärts gucken gilt nur, um sich klarzumachen, wo ich heute bin. Natürlich bestelle ich mir meinen Grönemeyer und Martin Stadtfeld bei Amazon und lese bei Google über Fußball-WM und Vogelpest. Ich schicke meinem Sohn E-Mails aus Vietnam, wo ich eine Reportage mache, und bekomme zur Antwort: Fliege morgen nach Ägypten, auch beruflich. Ein Glücksmoment. Tiefes Durchatmen bei 37 Grad: Altsein ist später. Viel später. Und wann, das entscheide ich mit!

Auch das, was ich nicht weiß, ist mir irgendwie klar, und

von bestimmten Klippen halte ich mich fern. Was ich kann, das habe ich im Lauf der Lehrjahre schon so oft und so gründlich mit dem Know-how anderer verglichen. Jetzt kenne ich meinen Platz. Und der ist weder ganz oben im Olymp der Erfolgsgötter, wohin ich mich mit achtzehn selbstverständlich geträumt habe, noch ganz unten im Elendswinkel der verbitterten Erfolglosen, vor dem ich mich bei ersten Niederlagen so entsetzlich gefürchtet habe. Unser Platz ist meistens näher am Olymp als am Elendswinkel, aber das ist so subjektiv wie die gefühlte Temperatur. Ja, sich sein persönliches Unternehmen, die »Marke Ich«, ein bisschen schöngucken, das gehört auch dazu, um das Absacken der Mundwinkel ein paar Jahrzehnte zu verschieben. Mich schätzen heißt auch, meinen Job und meinen Platz in der Gesellschaft schätzen. Stolz sein auf das, wohin es mich verschlagen hat. Und ich habe ja eine Menge dafür getan, um genau dahin zu kommen, wo ich jetzt bin. Jetzt sagen Sie nicht, das war bei Ihnen anders, das Schicksal hätte es so gewollt! Das glaube ich nicht. Wir finden das, was wir suchen, in der Liebe genauso wie im Job. Und wenn wir etwas anderes finden als wir gesucht haben, dann war das Ziel höchstwahrscheinlich falsch.

Und was ist mit der Angst, ausgespuckt zu werden vom Markt? Weil Jüngere billiger sind, weil Jüngere besser sind, mit der neuen Technik, mit Fremdsprachen, mit spontanen Ideenblitzen? Die Angst gibt es und sie ist nicht ganz unberechtigt. Allerdings hat sie mit dem tatsächlichen Alter weniger zu tun als viele glauben möchten. Wer erfolgreiche Alte kennt, muss neidlos anerkennen: Die sind irgendwie gar nicht richtig alt geworden! Und das liegt ganz bestimmt nicht nur am Inhalt ihrer Creme-Tiegelchen. Diese alten Erfolgsmodelle haben das lebenslange Lernen nämlich erfunden! Und trotz der Ringe um die Augen, die auch die besten Anti-Aging-Produkte nicht ganz wegglätten können, haben sie ihre Strahlkraft nicht verloren. Man findet sie nicht nur auf Chefsesseln oder im Fernsehen. Ich kenne sie auch als Sekretärin, die schon viele Vorgesetzte kommen und gehen sah, als Schuhverkäuferin, die im Laden ihres Sohnes aushilft. Und als Arzthelferin, die sich nichts Schöneres vorstellen kann als zufriedene Patienten vor ihrem Tresen.

Solche Leute wachen eines Tages auf, sind 50 und wundern sich, wo die Zeit geblieben ist. Sie sind gern Mentoren für Jüngere, wobei auch mancher Tipp für sie abfällt; der Kenner sieht, wo er abgucken kann, versteht sich als Brücke zwischen Erfahrung und Neuland. Sie verbinden Generationen, Stile und Ziele. Und bleiben vorn mit dabei. Mehr Ruhe im Herzen führt nicht zu Stillstand, sondern zu zielgenauem Engagement. Erfahrene wollen nicht mehr alles, und zwar sofort, sondern das, was wirklich wichtig ist, und zwar zum richtigen Zeitpunkt. Das macht sie so wertvoll, heute, wo alles knapper wird, Zeit, Geld, Arbeitsplätze und Experten. Jungsein ist ein Geschenk. Älterwerden ist eine Chance. Und gut und beglückt älter werden ist eine Leistung. Deswegen will ich nicht mehr 20 sein.

Hilfe, die Jüngere kommt!

Na und? Keine Angst – bleiben wir fair. Natürlich können wir ihre Hast, ihren Eifer, ihre Wichtig-Wichtig-Schritte auf dem Gang belächeln, natürlich können wir ihr mit allerlei nicht weitergeleiteten Infos das Leben schwer machen. Was haben wir damit erreicht? Nichts als unsere Angst betäubt. Jüngere machen Blitzaufstiege und Blitzabstürze. Sie haben meist befristete Verträge und keine Zeit für Kaffeeklatsch. Statt Verdrängungswettbewerb und Fraktionsgründung »Alt kontra Jung« empfiehlt sich Vervollkommnung der eigenen Professionalität. Arbeit am eigenen Auftritt, an den eigenen Ideen, am Selbstmarketing. Damit man nicht zur Altlast wird, zum Auslaufmodell. Wir können an uns arbeiten und auf unseren langen Atem vertrauen: Jüngere haben einen großen Nachteil – sie ahnen nicht, was alles schon vor ihnen da war. Sie sprudeln über wie eine Champagnerflasche, wenn sie glauben, eine tolle Idee zu haben – das nervt. Zumal wir wissen, dass ihre Superidee schon mal da war – in den 70ern. Und die Chefin selbst war damals als Praktikantin dabei. Aber das lassen wir die Neue nicht spüren. Punkte macht, wer sich nicht auf die Schwachstellen der Wettbewerber konzentriert, sondern auf den eigenen Nachholbedarf. Dann bleiben wir, was wir sind: als Erfahrungsträger vorn mit dabei.

Wenn die Jüngere kommt – ein Thema, über das ich einmal schreiben sollte. Da hatte ich Gelegenheit, meiner eigenen Position nachzuforschen. Wie viel Neid, Eifersucht und Angst empfand ich jüngeren Kolleginnen gegenüber? Ich kam dahinter, dass es gut tut, sich diese Frage einmal vorzulegen, statt unbewusst auf Abstand zu den Jüngeren zu gehen. Ich sah mich im Geiste unter den 30-Jährigen um, die mich umgaben, und stellte fest: Manche mag ich, manche nicht, genau wie bei den Gleichaltrigen. Das Alterskriterium zerbröckelte recht schnell beim näheren Hinsehen. Ab da achtete ich bewusst darauf, den Kontakt mit den

Jüngeren nicht zu meiden, auch wenn sie ihn zu mir nicht aktiv suchten. Vielleicht waren sie unsicher? Ich konnte natürlich auch denken, sie schätzten mich nicht besonders, weil ich schon älter war. Aber warum sollte ich das denken? Gab es irgendein Anzeichen dafür? Nein. Ich machte mir klar, dass mir diese unsichtbare Grenze zwischen denen, die nach mir kamen, und mir, die ich ihnen einiges voraushatte, nicht gut tut. Denn sie würden über kurz oder lang in der Mehrzahl sein, sie würden Chefpositionen einnehmen, sie würden den Arbeitsstil prägen. So wie ich es einst getan habe.

Ich habe mein eigenes Verhalten beobachtet und mich bemüht, nicht selbstgerecht zu werden und nicht jede eigene Einstellung als Altersweisheit zu verkaufen. Nichts ist entnervender als eine Alte, die immer Recht haben will. Jüngere brauchen eigene Wege und Unkenrufe helfen ihnen nicht – machen uns aber unsympathischer. Sehen wir freundlich zu, wie sie ihr Ding machen, und wo sie uns fragen, sind wir gern behilflich. Guter Rat, der aufgedrängt wird, bewirkt das Gegenteil, das wissen wir aus der Zeit, als andere uns belehren wollten.

Ich machte mich innerlich zur Verbündeten der Jungen, auch wenn sie das vielleicht nicht gleich merkten. Ich versuchte, sie zu verstehen, ihre Ungeduld, ihr Tempo, ihre schnellen Urteile, ihre Rangeleien darum, wer die Nase vorn hat, ihre Eitelkeiten, ihren Stress mit Kindern und Männern. Wer war ich denn, mich über sie zu stellen? Inzwischen weiß ich: Die Arbeit mit Jüngeren ist oft toll, ich lerne von ihnen und sie lernen sicherlich auch von mir. Der Satz »Früher war alles besser« ist selbstverständlich verboten. Der stimmt auch nicht. Früher war vieles anders. Das stimmt. Heute müssen wir uns vom lebenslangen Aufstieg verabschieden, müssen stattdessen weiterlernen. Das hält frisch. Wer fordert, dass Leistung zählt und nicht der Jahrgang, fordert genau das: Jüngere werden an uns vorbeiziehen, werden unsere Chefs sein. Genau wie sie bisher unseren Anweisungen zu folgen hatten. Das Alter hat damit nichts mehr zu tun. Respekt vor der Erfahrung können wir da erwarten, wo die Erfahrung tatsächlich etwas nutzt: der Firma, dem Team. Andere Erfahrungen können wir schön für uns behalten, die stufen wir unter Erinnerung ein und bremsen damit nicht das Getriebe. Wem nützt es, wenn wir ausschweifend erzählen, wie gemütlich es früher in der Firma war? Wir können mit unseren Betriebsrenten, die es seit einigen Jahren bei Neueinstellungen meistens nicht mehr gibt, nur Neid hervorrufen.

Ich habe längst die Erfahrung gemacht, dass Älterwerden auch bewundert wird, nicht nur verachtet. Insgeheim wissen auch 30-jährige Karrierefrauen, dass sie jedes Jahr ein Jahr älter werden. Und sie schauen zu denen auf, die in dem Punkt schon weiter sind. Was sehen sie? Uns. Und wir haben es in der Hand, wie sie uns sehen. Tolle Frauen um die 50, die sich gut gehalten haben, wie man so schön sagt, kriegen jede Menge Bewunderung von jüngeren. Einfach, weil sie sich identifizieren wollen, weil sie in die Zukunft schauen und sich selbst in 15, 20 Jahren sehen. Wir können ein gutes Vorbild sein. Mittendrin im Job, voller wertvoller Erfahrungen und ohne Dünkel oder Besserwisserei. Wenn wir dann auch noch so überflüssige Sachen wissen wie wer

Cold Play sind, wie man Sushi macht, und mit dem MP3-Player joggen gehen, sind wir gemachte Leute für unsere jüngeren Kolleginnen.

Die Fernsehjournalistin Sabine Krone-Schmalz berichtet, dass jüngere Kolleginnen sie oft wohlwollend beneiden, um die Freiheiten, die sie damals hatte, als sie im Moskauer ARD-Studio auf sich selbst gestellt Entscheidungen treffen musste – ohne Handy und E-Mail-Kommunikation. Wie sie Risiken eingegangen ist für eine gute Berichterstattung, ohne sich ihre einzelnen Schritte zu Hause jeweils absegnen lassen zu können. Improvisieren musste sie, Risiken ohne Rückendeckung von Vorgesetzten verantworten. Solche Erfahrungen sind es, die auch stressresistent machen, die Gelassenheit stärken.

Natürlich gibt es immer ein Dutzend, die gern unseren Job hätten. Das kann man ja verstehen. Wenn wir davor zu viel Angst haben, bekommen sie ihn auch. Wenn wir unseren Wert kennen und ihn auch anderen vorführen – durch Leistung und Präsenz –, ist die Chance, uns vorzeitig aus dem Sattel zu kippen, kleiner. Also: Älter geworden sein ist allein keine Katastrophe im Job. In der Entwicklung stehenbleiben ist das wahre Problem. Lebenslang lernen heißt ja eben nicht aufgeben, sich nicht fallen lassen. Die Botschaft ist beunruhigend, aber so beunruhigend wie Verliebtheit und Reisen: positiv, mit persönlichem Gewinn verbunden. Lebenslang lernen heißt: Du bist nie fertig, du bist und bleibst ein unfertiger Mensch. Also in gewissem Sinne auch jung. Wenn du fertig bist, bist du alt, am Ende, dann ist das Leben wirklich zu Ende. Also vermutlich noch lange nicht.

Glücklich im Job – ein Privileg

Frauen, die selbstbewusst ihr Alter sagen und erklären, es mache ihnen nichts aus, haben meist einen interessanten Job. Schauspielerinnen, Politikerinnen, Künstlerinnen, Journalistinnen. Man kann sagen, sie sind privilegiert. Ihr Privileg: mit Vergnügen arbeiten zu können. Meist ist es selbst verdient. Mit Talent, Fleiß, Disziplin. »Dass es für mein Alter eine schöne Rolle gibt, ist neu«, sagt die Schauspielerin Rosel Zech in einem Interview (Regine Schneider: »55plus«, Eichborn). »Ich arbeite mit jungen Regisseuren, was manchmal furchtbar anstrengend ist, weil sie den tiefen Teller noch mal neu erfinden wollen.« Darüber ist sie amüsiert, nicht genervt oder verbittert. Humor nennt sie ihren »größten persönlichen Erfolg«. So kann die 1942 geborene Schauspielerin mithalten in einem Metier, in dem das Verfallsdatum sonst eher eng begrenzt ist.

Frauen, die Klasse sind, sind es in jedem Alter. Dabei helfen Dinge, die Rosel Zech gelernt hat, wie sie sagt: Scheitern eingestehen, sich selbst vergeben, Fehler einsehen. Bausteine zu mehr Gelassenheit. Ein guter Tausch gegen die glatte Haut, die sich derweil langsam verabschiedet. Wer es so sieht, bekommt weniger tiefe Falten – und weniger hässliche.

Umdenken am Markt

»Ab 45 wird's am Arbeitsmarkt schwierig«, sagte Sibylle Bräuer, Personalberaterin in Hamburg, vor ein paar Jahren zu mir. »Und ab 50 ist es, als ob ein Bewerber die Pocken hat.« Viele Personaler, die eine Bewerbung mit 40plus auf dem Tisch haben, denken immer noch zuerst an teure Rentenmodelle, an Vorruhestand, hohes Einkommen und sinkende Leistungskraft. Falsch, sagte Sibylle Bräuer, die im Auftrag von Unternehmen Outplacement-Beratung betreibt, also von Arbeitslosigkeit bedrohte Führungskräfte betreut. »Mit fünfzig wollen die meisten Leute noch was vom Leben.« Das heißt, sie halten sich fit, kennen ihre Verantwortung, haben meist Kinder in der Ausbildung zu unterstützen. »Es ist eine fixe Idee der Personalabteilungen, dass Ältere unbeweglicher sind«, ist ihre Einschätzung. Oft steckt auch Bequemlichkeit dahinter, wenn nur aufs Geburtsdatum geguckt wird. Die Fälle, in denen Ältere wieder Arbeit finden, beweisen es: Deren Stärke ist oft ihre Psychopower. In Lebensstürmen gewachsen und gefestigt. Heute, wenige Jahre später, bemerkt die Expertin einen Sinneswandel bei Personalern. »Einen gewissen Altersrassismus gibt es nicht mehr«, sagt sie. Da viele Ältere nicht mehr ins Klischee passen und sich anders in der Welt bewegen, begegnet die Welt ihnen auch anders. Manche Firma bangt regelrecht darum, dass ihre Älteren aufhören könnten, und viele Headhunter sprechen jetzt auch ältere Manager an, um ihnen Angebote zu machen. Besonders gefragt sind Ältere als Interims-Manager. Sie haben eine zeitlich begrenzte Aufgabe, die lösen sie mit ihrem ganzen Sachverstand und dann trennt man sich, wie vertraglich vorgesehen, wieder. Wer gut ist, bekommt Anschluss-Jobs. Schlechte Karten, so Sibylle Bräuer, haben jene, die unbeweglich geworden sind. »Das merkt man, das sieht man.« Wer nicht einsieht, was Jüngere draufhaben, wirkt verknöchert, und wenn er auf die Frage, wann er das letzte Mal an einer Fortbildung teilgenommen habe, antwortet, das habe er doch gar nicht mehr nötig – gehört eben zum alten Eisen. Seniorität ist eben keine Qualität mehr, das muss man einfach wissen. »Wer als Älterer heute im Spiel bleiben will, und das geht, der muss mit Eigeninitiative und auch eigenem Geld in seine Fortbildung investieren.« Darum kümmern sich die Firmen nicht, leider.

Da ist der Wert der Älteren für die Unternehmen noch nicht voll erkannt. So ziehen denn auch Expertentrecks mit Silberlocken nach Übersee und in alle Windrichtungen. 70-jährige Ingenieure pendeln nach China, bauen dort Brücken, Fabriken und Autobahnen. Ein Senior-Experten-Service der Bundesregierung organisiert den Transfer an solidem Know-how. Schön für China und zugleich der Beweis, dass Oldies im Job auch Goodies sind.

Hochkarätige Professoren gehen mit 65 in die USA, um weiter forschen zu können. Bei uns endet ihre Tätigkeit zwangsweise mit dem Eintritt ins Pensionsalter. Diese Praxis ist schlecht für uns alle. Sie nehmen ihr Wertvollstes mit: ihr Wissen und Können.

Dass man einst angefangen hat, Ältere in den Vorruhestand zu schicken, hatte zunächst nichts mit ihren angeblich minderen Qualitäten zu tun, sondern damit, dass Plätze frei werden sollten. Ältere sind teurer und hatten einen besseren Kündigungsschutz. Das waren Gründe, um ganze Jahrgänge staatlich subventioniert aus dem Arbeitsprozess hinauszudrängen. Das war kurzsichtig, wie sich sehr bald herausstellen wird, und hat die Sozialkassen extrem belastet. Nicht die Alterspyramide allein macht die

Sozialsysteme kaputt, sondern auch die massenhafte Praxis des Vorruhestands. So kam es, dass inzwischen 6 von 10 Betrieben keinen über 50 mehr beschäftigen und dass von den 55- bis 64-Jährigen nur noch 41 Prozent arbeiten. In Dänemark sind noch zwei Drittel dieser Jahrgänge in den Arbeitsmarkt integriert, und in den Niederlanden und Finnland nahm die Erwerbsquote der Oldies in jüngster Zeit um zehn Prozent zu. Das hängt dort auch mit der höheren Frauenerwerbsquote zusammen und mit der allgemeinen Entwicklung des Arbeitsmarktes. In den bessergestellten nordischen Ländern, so stellt eine Studie des Institutes für Arbeitsmarkt- und Berufsforschung fest, gebe es eine hohe Beteiligung an Weiterbildungsmaßnahmen während der gesamten Lebensarbeitszeit. Lebenslang lernen – so vorbereitet, ist erfolgreich länger arbeiten gut möglich. Zudem haben diese Länder die Frühverrentung begrenzt. Bei uns soll sie 2007 auslaufen.

Die USA legen bei dieser Entwicklung noch an Tempo zu. Dort rechnet man innerhalb eines Jahrzehnts mit einer Verdopplung der Zahl der Erwerbstätigen im Alter von 55 bis 64 Jahren, während zugleich die Zahl der arbeitenden 35- bis 44-Jährigen um rund 10 Prozent sinkt. Im Januar 2006 haben die ersten Babyboomer, die geburtenstarken Jahrgänge zwischen 1946 und 1964, das Pensionsalter erreicht. Und Experten befürchten den »Verlust begabter und leistungsstarker Mitarbeiter in Schlüsselpositionen«, so eine Studie der »Alliance for an Experienced Workforce«. Diese »Allianz für eine erfahrene Belegschaft« wurde erst vor kurzem gegründet und führt Unternehmen den Wert älterer Mitarbeiter vor Augen. Hoch motiviert seien sie, leistungsbereit und eine Antwort auf das Problem, über das viele Unternehmer klagen: mangelnde analytische und kommunikative Fähigkeiten jüngerer Mitarbeiter sowie deren fehlende Sachkenntnis wirtschaftlicher Zusammenhänge. Die neue Allianz rechnet in einer Studie vor, dass der Nutzen einer stabilen Belegschaft und einer niedrigen Fluktuation die höheren Kosten für ältere Mitarbeiter sogar übersteigen kann.

Fast 80 Prozent der so genannten Babyboomer haben laut Studie vor, im Rentenalter weiterzuarbeiten. Sie haben die Gesetze auf ihrer Seite. Die Abwertung älterer Bewerber ist in den USA per Gesetz verboten. In Bewerbungsunterlagen wird das Geburtsdatum nicht erwähnt. Und es darf auch nicht danach gefragt werden. Einem Älteren darf eine Stelle nicht verweigert werden, weil die Kosten für Lohnzusatzleistungen für den Arbeitgeber höher sind – im Gegenteil, sie dürfen sogar verringert werden, aber nicht unter das Niveau, das für einen Jüngeren gezahlt würde. Wie sich solch eine Gesetzgebung auswirkt, zeigen die Fakten: 5,6 Prozent mehr über 55-Jährige wurden in einem Jahr beschäftigt.

Leider hat sich aus der Praxis von Altersteilzeit und Frühverrentung ein vorauseilendes Bild von leistungsunfähigeren Alten abgeleitet. Und viele Ältere haben es kritiklos auf sich übertragen. Machen wir uns klar, dass die Wahrheit ganz anders aussieht: Das Durchschnittsalter der Vorstände der 30 Dax-Unternehmen beträgt 57 Jahre, das Bundeskabinett ist im Durchschnitt 55 Jahre alt. Der oberste Mann des größten weltumspannenden Unternehmens, Papst Benedikt XVI., ist weit übers Renteneintrittsalter hinaus. Genau wie

Franz Müntefering, der die Rente mit 67 fordert – nachdem ganze Jahrgänge aus Büros und Fabriken in die Frührente gedrängt wurden – meist auf Kosten der Sozialkassen.

Länger arbeiten? Aber gern!

Vielleicht war es für manche auch bequem zu glauben, man sei nicht mehr so fit, also warte jetzt das Altenteil als große Freiheit. Aber dieses Altenteil wird bald nicht mehr so kuschelig sein – wir wissen es. Renten werden in der gewohnten Höhe unbezahlbar angesichts unserer auf den Kopf gestellten Bevölkerungspyramide und der Pleite der Sozialsysteme. Zu wenig Nachwuchs, dazu die lange Lebenserwartung. Länger arbeiten wäre da ein Ausweg – wenn man nicht den Verdacht hätte, die Politik wolle auf diese Weise nur das Rentendilemma von sich auf unsere Schultern abwälzen. Statt sich ein intelligenteres System der Finanzierung auszudenken und gegen zu erwartende Widerstände durchzusetzen, sollen alle länger arbeiten. Was beim gegenwärtigen Stand der Dinge nichts anderes als eine Rentenkürzung ist.

Andererseits, wenn wir 90 Jahre und älter werden, wenn wir bis 75 halbwegs gesund bleiben – warum sollen wir uns da mit 60 oder sogar davor ins Private zurückziehen? Es mag ja sein, dass man die eine oder andere ausfüllende Beschäftigung auch außerhalb der bezahlten Arbeit findet, dass ein Garten uns genug Aufgaben aufgibt, die uns fit halten, und Enkelhüten uns in der Mitte des Lebens hält. Aber ein vorzeitiges Ausscheiden aus dem Berufsleben ist genauso oft eine Art Resignation. Ich habe beides erlebt: Eine Kollegin, die nach der vorzeitigen Pensionierung sofort alle Krankheiten bekam, die bis dahin in ihr gelauert hatten. Sie alterte plötzlich rasant, während sie im Job zu den länger Jungen gehört hatte. Und eine andere, die sich im Vorruhestand so richtig entfaltet hat, indem sie alle Reisen unternimmt, für die sie bis dahin keine Zeit hatte. Sie ist noch einmal richtig aufgeblüht und wirkt frisch und strahlend, wenn sie ihre alten Kollegen besucht. Menschen reagieren unterschiedlich auf den plötzlichen Verlust von Bedeutung und Verantwortung, auf das Gefühl, nicht mehr funktionieren zu müssen. Und viele verschätzen sich, kennen sich selbst nicht gut genug, um vorweg zu ahnen, was mit ihnen passiert, wenn die gewohnten Lebensumstände von einem Tag zum andern verschwinden. Verlockend ist es, den Stress, die Intrigen, die Kritik loszuwerden, die mit Jobs nun mal unweigerlich verbunden sind. Vor allem das Erleben der eigenen Grenzen, vielleicht auch Abstiegsgefühle, wenn Jüngere an einem vorbeiziehen, wenn man plötzlich auf dem Flur immer mehr fremde Gesichter sieht. Wenn die Neueinstellungen sich im Alter immer mehr dem Alter der eigenen Kinder nähern. Das alles gilt es zu verarbeiten. Nicht leicht, aber nicht unmöglich.

Warum arbeiten Wissenschaftler, Künstler und andere Kreative oft und gern bis zum Tod? Weil sie Lust auf Arbeit haben. Weil ihre Arbeit sie erfüllt – mit Glück, Befriedigung und Sinn. Wer solche Arbeit macht, hat Entsprechendes zu geben. Wird das nicht eingefordert, verkümmern bestimmte Fähigkeiten zu früh. Wir werden schneller alt als nötig. Mit 50 die Jahre bis zur Pensionierung zählen, das ist demnach nicht unsere Art. Eine mir besonders liebe Kollegin wird, seit sie 59 ist, immer öfter gefragt, wie lange sie noch arbeiten *muss*. Die lacht dann und sagt: Solange ich *darf*!

Erfahrungs-Renaissance

Wir haben eine Menge vor und eine Menge zu sagen und zu tun. Und Arbeit, die Lust macht, schiebt das wahre Alter weiter nach hinten. Die Entwicklung kommt uns da entgegen. Auf Ältere wird man bald nicht mehr so einfach verzichten wollen. Die Zeit, da man uns nur als Kostenfaktor sah oder auch als unbeweglich und zu wenig innovativ, ist vorbei. Schon aus rein rechnerischen Erwägungen: Wir werden immer älter, Junge werden immer rarer. Das durchschnittliche Renteneintrittsalter liegt zurzeit bei 61 Jahren, aber ein 60-Jähriger hat vielleicht noch 30 Jahre zu leben. Nicht nur 30 Jahre Rentenzahlungen stehen seinem Arbeitsende im Weg, auch die Tatsache, dass ein 60-Jähriger heute zu den jungen Alten zählt, in der Regel voll leistungsfähig und noch lange fit ist. »Verschwendung von Humankapital« nennen Experten die lange Zeit übliche einseitige Bevorzugung von Jungdynamikern. In den Köpfen der Wirtschaftslenker haben inzwischen andere Szenarien Vorrang: 75 Prozent der deutschen Großunternehmen befürchten, dass die demografische Entwicklung einen Fachkräftemangel auslösen wird. »Wer heute Arbeitnehmer mit 55 in den Vorruhestand schickt, wird sich in ein paar

Jahren überlegen müssen, wie er sie wieder in den Betrieb zurück bekommt«, sagt auch Mario Ohoven, Präsident des Bundesverbandes mittelständischer Wirtschaft.

Ökonomische Horrorzahlen werden errechnet: Die Zahl der verfügbaren Arbeitskräfte wird innerhalb der nächsten Jahrzehnte um fast 10 Millionen sinken. Ein scheinbar langer Zeitraum, aber eine deutliche Tendenz.

Schon ist ein Umdenken an kleinen Anzeichen zu erkennen. Unter Mittelständlern und auch unter den Großen gibt es immer mehr Unternehmen, die sich aufs Expertentum der Älteren wieder verlassen. Kluge Chefs wissen, dass gemischte Teams am stärksten sind. Beide Geschlechter gehören in ein gutes Team und auch die verschiedenen Altersgruppen.

Fast die Hälfte der Großunternehmen setzen auf höhere Lebensarbeitszeiten und auch auf flexiblere Arbeitszeitmodelle. Die Folge wird sein, dass sie auch wieder mehr Älteren eine Chance geben. Der Jugendwahn bröckelt, die Erfahrungsrenaissance kündigt sich an. Gut so. Wir stehen bereit.

Eine Umfrage unter den 30 Dax-Unternehmen zeigt: Vorurteile gegenüber höheren Jahrgängen im Job sind viel kleiner als erwartet. Nur 20 Prozent halten Ältere für weniger leistungsstark. Nur ein Viertel hält sie für weniger risikofreudig. Stattdessen sind 95 Prozent der großen Unternehmen der Meinung, dass Ältere wertvolle Mitarbeiter sind – wegen ihrer Erfahrungen. Vor allem bei Finanzdienstleistern heißt es: Ohne Wissen der Älteren keine Zukunft. Ein Adidas-Salomon-Manager: Die Stärke der Belegschaft hängt vom Mix der Altersklassen ab. Großkonzerne wie

DaimlerCrysler und Telekom fangen gerade an, sich über »Midcareer Development« Gedanken zu machen. Viele sagen: Altersteilzeit und Vorruhestand werden bald schon abgelöst durch Förderung der Potenziale und Erfahrungen der über 50-jährigen Mitarbeiter.

Ein Großteil der deutschen Wirtschaft weiß also längst: Es ist Wahnsinn, auf den Erfahrungsschatz zu verzichten, den sich Menschen in vielen Berufsjahren erworben haben. Zu spürbar mehr Neueinstellungen von Älteren führt dieser Blickwechsel allerdings zurzeit noch nicht. Das liegt aber auch an der Tatsache, dass derzeit nicht genug neue Arbeitsplätze entstehen.

Eine Ära der Umverteilung von Arbeit stehe bevor, glaubt aber Altersforscher James Vaupel. Er beschreibt unser derzeitiges Arbeitsverhalten als irrational: »Wir komprimieren unser Arbeitsleben in die Zeit, in der wir Kinder bekommen und großziehen könnten. Wenn wir knapp 60 Jahre alt sind, gehen wir in Rente und genießen Jahrzehnte, die zumeist aus den Sozialabgaben jüngerer Eltern, die gleichzeitig für ihre eigenen Kinder aufkommen müssen, finanziert werden. Wir verschieben die Freizeit unseres Lebens auf jene Jahre, in denen wir keine Kinder mehr zeugen können und die eigenen Kinder unsere Zeit und Kraft kaum noch benötigen.« (Elisabeth Niejahr: »Alt sind nur die anderen«, S. Fischer)

Noch denken nur Experten in solchen Kategorien. Aber die Tatsachen werden eine Änderung der Arbeitswelt sehr schnell erzwingen.

Hoch motiviert

Kluge Personaler haben jetzt kapiert, was uns längst klar ist: Ältere Mitarbeiterinnen haben seltener Liebeskummer, haben mehr Berufserfahrung und sind dem Unternehmen gegenüber loyaler. Die Kinder sind aus dem Gröbsten raus, mit Schwangerschaft ist nicht mehr zu rechnen. Management-Trainerin Sabine Asgodom sagt, Frauen sind nach der Familienphase hoch motiviert, noch mal durchzustarten. Und Motivation ist oft alles. Experten vom Netzwerk European Women's Management Developement wissen: Frauen über 45 schaffen es, mit verschiedenen Belastungen gleichzeitig fertig zu werden. Sie schaffen es, auch unter störenden Einflüssen, mehrere Dinge parallel abzuwickeln, sagt eine Beraterin der Berliner IT-Firma PSI aus Erfahrung mit älteren Mitarbeiterinnen. Familienalltag ist oft vielschichtiger als manche Arbeitsanforderung – perfektes Training für den Job-Start in höheren Jahren.

Bald werden expandierende Unternehmen sich also um fitte Alte genauso prügeln müssen wie um gut ausgebildete Junge. Die sechzig größten Hamburger Unternehmen von Otto Versand bis Blohm und Voss haben sich schon vor ein paar Jahren zu einer Initiative zusammengetan, die mithilfe der Arbeitsagentur Ältere in Arbeit brachte. In wenigen Monaten hat es damals für die ersten 70 geklappt. Und Bernd Schröder vom Hamburger Arbeitsamt hat frohlockt: »Das ist das Trojanische Pferd.« Die ersten Älteren, die sich bewähren, werden die noch vorhandenen Vorurteile widerlegen. »Und dann kommt der große Ruck.«

Personalpolitik der Zukunft betreiben zum Beispiel Unternehmen wie die Supermarkt-Kette Netto, der Coburger Automobilzulieferer Brose, der württembergische Mittelständler Fahrion, der Fabrikhallen für Russland und China fertigt: Sie fördern Alte. Brose hat 100 neue Mitarbeiter gesucht. Nicht jung und flexibel, sondern reif und erfahren – mindestens 45 Jahre alt. Rückenschule und Massageservice werden im werkseigenen Fitnessraum angeboten. Solche Firmen tun das Selbstverständliche: Wenn eine Gesellschaft immer älter wird, werden auch die klugen Köpfe älter. Also ist es sinnvoll, sie lange fit zu halten und von ihnen zu profitieren. Großunternehmen wie Volkswagen und Deutsche Bank haben interne Beraterteams aus älteren Kollegen gebildet, die ohne Ellenbogen, dafür mit viel Gelassenheit die Führungsteams verstärken. »Offensichtlich gelten im Alter andere Gesetze«, schreibt Elisabeth Niejahr (»Alt sind nur die anderen«). Man sei nicht mehr durch die Zukunft bestechlich – so formuliert es der Philosoph Odo Marquard. Ältere, so wird beobachtet, »sind entspannter, stärker an der Sache interessiert und könnten besser delegieren und moderieren«.

Wir sind im Kommen. Und das ist kein Rauschen im Walde, es ist nachweisbar. Heute arbeiten wieder mehr Frauen über 50: Unter den 55-bis 59-jährigen Frauen sind immerhin 44 Prozent berufstätig. Vor zehn Jahren waren es nur 28 Prozent. Das Wort »bestes Kanzleralter« stammt von Alice Schwarzer. Damit hat sie einst Gerhard Schröder darauf aufmerksam machen wollen, wie alt er selbst ist und was Menschen seines Alters offenbar zu leisten vermögen. Wir sind im besten Kanzlerinnenalter. Wir haben eine Menge gemacht, haben hohe Kompetenzen, können vieles zugleich erledigen, kennen unsere Stärken und Schwächen. Die Statistik sagt: Wir sind seltener krank, dafür aber etwas länger als Jüngere. Na, und?

Einer unserer ganz großen Vorteile: Wir haben nicht mehr so viel Zeit. Also konzentrieren wir uns aufs Wesentliche. Deswegen machen wir das, was wir machen, ganz. Und wir machen es gern. Denn meist haben wir einen Platz gefunden, an den wir passen. Wir sind hoch motiviert, denn wir wollen es uns und anderen zeigen. Wir sind neugierig und nicht zu eitel, um von Jüngeren zu lernen. Und wir können Mentorinnen sein: Jüngeren abgeben, wovon wir im Überfluss haben. Strategien im Umgang mit Konflikten, Netzwerktechniken, Kommunikationstricks. Alles an den Schuhsohlen abgelaufen, es macht Spaß, selbst erarbeitete Weisheiten weiterzugeben. Wir spüren, wie wertvoll unser Erfahrungswissen ist, und wir werden für das Unternehmen zu wichtigen Erfahrungsträgern. Wo nicht, liegt es sicher nicht am eigenen Alter, sondern an einer verkrusteten Unternehmenskultur. Vielleicht lässt sich ja daran durch das eigene Beispiel etwas ändern?

Ran an die Technik

Wir müssen nicht zittern, dass wir nicht mehr geschätzt sind. Erstens hilft es nichts, wenn tatsächlich eine Firma Pleite geht oder eine Abteilung ausgelagert wird und wir gehen müssen. Und zweitens schwächt Bangen und Zittern, es macht angreifbar und bestätigt den dummen Verdacht, wir seien nicht mehr voll dabei. Es stimmt schon: Wer jetzt rausfliegt, bleibt draußen. Meistens jedenfalls. Was kann man selbst dem entgegensetzen? Vor allem diese Angst in sich besiegen. Wer ängstlich durch die Gänge schleicht, hat schon verloren. Dieser »Entschuldigt-dass-ich-noch-hier-bin-Blick« lädt zum Rauswurf ein. Besser ist das »Ihr-könnt-nicht-auf-mich-verzichten-Lächeln«.

Sich selbst als altes Eisen zu klassifizieren, ist, als inhalierte man bewusst Grippeviren. Also dämlich. Stattdessen macht sich eine selbstbewusste Fünfzigerin klar, was sie schon alles geleistet hat, was sie draufhat, was sie Jüngeren an Erlebnissen und Fähigkeiten voraushat.

Gleichzeitig bemühen wir uns dranzubleiben. Meine schon zitierte Kollegin, die gern so lange arbeiten will, wie man sie lässt, ist die in Computerfragen und im Internet fitteste Kollegin im ganzen Bereich. Zu ihr kann man immer mit Technik-Fragen kommen, bevor man den Service-Techniker ruft. Dabei war sie schon über 40, als die Computer in ihrem Büro eingeführt wurden. Sie beherrscht es vorzüglich, sich unverzichtbar zu machen. Ist fleißig, zuverlässig, verbreitet gute Stimmung und hat ihr Fachgebiet perfekt im Griff. Als ihr Mann starb, legte man ihr nahe, sich zu Hause auszuruhen, sie kam zur Arbeit und sagte: Das ist die beste Ablenkung. Eine Arbeitsmaschine? Mitnichten. Ein Mensch, der aus seinem Leben das Beste rausholt, zumal wenn die Katastrophe nach ihr greift. Ihre Freude am Job hat sie im privaten Dilemma gerettet. Und schützt sie so zuverlässig vor dem Rauswurf wie Antibiotika vor Entzündungen.

Technikbeherrschung ist für viele Frauen etwas, worauf sie gern großzügig verzichten würden. Frauen versorgen, pflegen, helfen, kommunizieren gern. Nur, dass das inzwischen ohne Technik nicht mehr geht. Die Angst, im Job an den Rand geschoben zu werden, ist durch Technikkenntnisse ganz gut zu bannen. Wer sich am Computer weiterbildet, erweitert seine Einsatzmöglichkeiten. Wer zu früh aussteigt aus der Entwicklung, verringert seinen Handlungsspielraum. Mir wäre das fast passiert, als ich vor vielen Jahren einmal dachte, was brauche ich ein Fax? Es gibt doch Briefkästen. Den Satz »Ich lege das mal eben aufs Fax« fand ich forciert modern. Ich dachte, die Leute wollen angeben mit ihrem neumodischen Zeug. Bis eines Tages eine Sekretärin, die mir einen Artikel faxen wollte, entsetzt ins Telefon rief: Was, Sie haben kein Fax? Der Ausruf hat mir Beine gemacht. Ich habe mir sofort eins angeschafft, und als Handys aufkamen, war ich schon übern Berg. Meine Technikphobie habe ich wirksam bekämpft und war eine der Ersten im Bekanntenkreis, die sich ein Handy zulegte. Heute ist meine Arbeit ohne E-Mails nicht mehr denkbar. Und ich weiß einfach, wenn es Neues gibt am Technikmarkt, dass ich es brauchen werde.

Ältere, die sich aus diesem Fluss der Entwicklung verabschieden, sagen damit: Ich bin raus, ihr könnt ohne mich weitermachen. Die geben denen Recht, die Älteren nicht mehr viel zutrauen. Die Gebrauchsanleitung einer Digitalkamera, eines Palms oder eines MP3-Players ist sicher kein Vergnügen, aber eine Herausforderung für Leute, die noch Telefone mit Wählscheibe kennen. Wer nicht vorzeitig nach Altersheim riechen will, muss sich stellen.

Neugier und Routine

Gegen das längst überholte Klischee, Ältere ließen im Job nach, kann jede von uns antreten. Voraussetzung: Die eigene Bequemlichkeit überwinden und die Bereitschaft zur Selbstunterschätzung aufgeben. Natürlich fällt es mit den Jahren schwerer, früh aufzustehen, natürlich ist es nach 30 Jahren im Job nicht mehr so einfach, motiviert zu sein. Das Gefühl, alles schon zu kennen, alles schon einmal gemacht zu haben, ist manchmal bleiern. Und schädlich. Dagegen kann man sich wehren wie gegen Verkalkung in den Herzkranzgefäßen. Gegenmittel sind: in Bewegung bleiben, neugierig – und an sich glauben. Daran, dass die Welt ohne mich ein bisschen ärmer wäre. Wenn es im eigenen Beruf nicht mehr nach oben geht, geht es vielleicht seitwärts weiter. Karrieren verlaufen heute auch horizontal. Von Job zu Job, auch innerhalb der Firma wird mehr gewechselt, von Qualifizierung zu Qualifizierung. Auch Sabbaticals sind ein gutes Instrument gegen Betriebsblindheit und Langeweile.

Offenheit und Neugier sind die Anti-Aging-Mittel schlechthin. Ein Abbau muss also nicht automatisch passieren, es sei denn, wir lassen ihn zu, verfetten nicht nur äußerlich, sondern auch innerlich. Wer keine Lust hat auf ein langes gesundes Leben, muss sich nur früh genug ausklinken aus allen möglichen Aktivitäten, muss den Beruf zur reinen Last erklären und das eigene Mittun als überflüssig. Diese Entscheidung trifft jeder individuell, eine biologisch bedingte Automatik – höherer Jahrgang, verminderte Leistung – gibt es nicht.

Es ist nachgewiesen, dass ältere Gehirne genauso lernfähig sind wie jüngere. Hirnforscher haben herausgefunden, wo die Unterschiede im Verarbeiten von Informationen zwischen Alt und Jung genau liegen: Jüngere fassen Neues schneller auf, das ist wahr. Aber in der Zeit, in der Ältere Infos aufnehmen, vernetzen die sich mit dem Mehr an altem Wissen, sodass sie mit den Jüngeren fast zugleich am Ziel sind. Der größere Wissensvorrat erlaubt jederzeit eine schnellere Bewertung des neuen Sachverhalts – und das führt am Ende zu etwas langsameren, aber wesentlich fundierteren Entscheidungen. Erfahrungswissen nennt man das, was uns so wertvoll macht. Und jede, die aktiv im Berufsleben steht, spürt es selbst. Die gewachsene Sicherheit, die Verlässlichkeit der eigenen Entscheidungen, die Ruhe angesichts von Problemen.

Routine ist ein Segen und eine Gefahr. Sie hilft uns, gewisse Vorgänge schneller durchzuschleusen als früher, auch ohne detailgenaue Kenntnisse der Abläufe. Wir denken vorausschauend, wissen, was unter welchen Umständen passieren kann, wie gewisse Faktoren auf das Ergebnis wirken, schätzen Kollegen und Vorgesetzte treffsicherer ein. Das macht uns effektiver.

Allerdings ist Routine auch ein Grund für Blindheit gegenüber neuen Wegen und Möglichkeiten. Kreativität ist eine Mischung aus Routine und Neugier. Einerseits Dinge effizient abarbeiten, mit der Routine der Jahre, ohne unnötige Reibungsverluste, und anderseits offen sein für Neues, begierig, andere Lösungen kennen zu lernen – diese Mischung macht Ältere stark.

Eine Kollegin stöhnte neulich, dass jetzt so viele 30-

Jährige in ihrer Abteilung das Sagen haben, sie wird überstimmt, an den Rand gedrängt, die jungen Schnösel denken, sie sind die Erfinder des Fernsehens, dabei hat sie schon Sendungen gemacht, als die noch mit der Klapper um den Weihnachtsbaum gelaufen sind. Kann sein, dass sie in gewisser Weise Recht hat, und die Tillmanns und Benedikts, die von der Uni kommen und alles neu machen wollen, sind wirklich oberflächliche Aufsteiger-Typen ohne Ansprüche an sich und ihre Produkte. Haben das die Älteren, die wir einst verdrängt haben, vielleicht auch gedacht? Egal, es muss akzeptiert werden: Es gibt sie, diese Jungen, und sie haben das Recht und die Pflicht, die Ruder nach und nach zu übernehmen. Sie machen Fernsehen für ihresgleichen. Wir können nicht wollen, dass alles so bleibt wie vor 20 Jahren. Wir müssen an der Entwicklung dranbleiben, und wenn sie uns mitspielen lassen, so wie meine Kollegin beim Fernsehen, können wir unseren Einfluss geltend machen, da, wo es möglich ist. Auf eigenen Qualitätsstandards bestehen zum Beispiel, Fragen stellen, auf die Unerfahrene nicht kommen. Und im Zweifel fitter sein, informierter, gebildeter. Wer mit 50 an alten Errungenschaften festhält, kann nur verlieren. Die Welt dreht sich jeden Tag und wir drehen uns mit. Wir wissen zwar, dass es nicht eine stete Entwicklung zum Besseren und Höheren gibt, aber das heißt noch lange nicht, den neuen Generationen ihr Recht auf eigene Fehler streitig zu machen. Wir können nicht Stil bestimmend bleiben, bis wir mit 90 ins Gras beißen. Das wäre für alle furchtbar langweilig. Solange wir Veränderungen mit Vergnügen anschauen, bewusst auswählen, was uns gefällt und was nicht, gestalten wir mit. Wer alles madig macht, was nicht auf seinem eigenen Mist gewachsen ist, wirkt alt. Unabhängig davon, was in seinem Pass steht.

Lebenslang lernen

Wir können unseren Vorteil der vielen Erfahrungen nur nutzen, wenn wir ständig neue Erfahrungen machen, wenn wir weiter den ganzen Strom an Informationen aufnehmen und filtern und mit den gesicherten Erfahrungen verbinden. Dann sind Ältere unschlagbar. Ihre Intuition wächst quasi täglich. Ein tolles Gefühl – wer es hat, kann nicht alt sein.

Wer im Job gefragt bleiben will, muss was dafür tun. Besonders, wenn er älter wird. Lebenslang lernen – das Wort kennen wir schon. Jetzt gilt es doppelt. Jetzt noch mal in Englisch richtig gut werden, jetzt ein Kommunikationstraining mitmachen, jetzt noch mal ein Auslandspraktikum, jetzt hochrüsten für den ganzen großen Rest des Lebens. Weiterbildung auch mit über 50 – bald wird sie selbstverständlich sein. In anderen Ländern ist sie das schon.

Es ist ja nur fair, dass Älterwerden auch neue Aufgaben mit sich bringt. Jungsein ist schließlich auch von allerlei Tücken begleitet. Dauernd müssen die Jungen sich prüfen lassen, erst das Abi machen, dann das Diplom, dann den Bewerbungsmarathon durchstehen – und zwar immer mal wieder. Immer wieder müssen sie vor den Augen anderer, Älterer, bestehen. Ein Parcours aus Bewährungssituationen ist das Jungsein heute. Und wenn sie es geschafft haben, irgendwo anzudocken, einen Job zu ergattern, ist er ihnen nie mehr so sicher, wie wir es einst lange Zeit kannten.

Früher war jedes Jahr in Richtung Pensionierung zugleich eine Stufe auf der Karriereleiter nach oben. Senioritätsprinzip nannte man das. Ein paar Prozent mehr Gehalt pro Jahr, und wieder ein Stück näher dran an der nächsten Beförderung. Diese Automatik ist vorbei. Bei Beamten mag sie noch gelten. Aber auch da zeigen sich Änderungen. Wir müssen darüber nicht böse sein. Wer die grundlose Bevorzugung von Jugend nicht will, darf auch automatische Aufstiege dank Lebensjahren nicht einfordern. Klar sind wir nach zwanzig, dreißig Jahren im Beruf keine Anfänger mehr. Wir haben uns Qualitäten erarbeitet, die sollen honoriert werden. Aber ist es wirklich sinnvoll, Ältere immer weiter besser zu bezahlen? Wann brauchen wir eigentlich das meiste Geld? In der Familienphase. In der Zeit des Aufbaus. Es würde immer auch Älteren helfen, wenn ihre erwachsenen Kinder gut bezahlte Jobs einnehmen würden. Doch Arbeitsmarkt-Experten wissen: Für heute 30- und 40-Jährige sind auch bei fleißiger Arbeit kaum noch große finanzielle Steigerungen, kaum noch große Karrieresprünge zu erwarten. Sie arbeiten sich von Job zu Job, von Projekt zu Projekt durchs Leben. Unterbrochen von Phasen der Arbeitslosigkeit und der Jobsuche, die demnach nicht länger als diskriminierend erlebt werden müssen. Dazwischen gibt es immer wieder Weiterbildung und Praktika. Berufswege bekommen genauso Patchwork-Charakter wie die moderne Familie. Der Faktor Spaß wird dadurch immer wichtiger. Spaß an der Arbeit ist Luxus. Wer sich beruflich coachen lässt, bekommt zu hören: Hören

Sie auf sich, finden Sie Ihre Neigungen, denn nur was wir richtig gern machen, machen wir gut genug. Spaß an der Arbeit ist der sicherste Schutz gegen vorzeitigen Abstieg oder Ausstieg. Unsinnig ist das Schielen auf den Markt: Was heute gefragt ist, ist morgen out. Stark sind wir da, wo wir Freude haben.

Flexibel sein und bleiben

Eine Freundin, früher technische Zeichnerin, hatte sich alle Computerprogramme angeeignet, um weiter Bauzeichnungen machen zu können – trotzdem kam das Aus. Alle Bewerbungen scheiterten – sie war zu alt für die Branche. Und die Branche schwächelte. Völlig verzweifelt hat sie etwas sehr Weises getan, sie hat sich an ihren Traum erinnert: Ergotherapeutin wollte sie schon werden, seit es diesen Beruf gibt. Umschulen in dem Alter? Freunde und Bekannte schüttelten den Kopf. Als Berufsanfängerin nach Mitte 40 einen Job zu kriegen, das schien bei der Lage am Arbeitsmarkt aussichtslos. Aber sie war stur und mutig. Ob sie nun arbeitslos im Garten Unkraut zupfte oder etwas lernte, was ihr Spaß machte – schaden konnte die Umschulung jedenfalls nicht. In ihrem Kurs war sie dann auch drei Jahre lang die Älteste. Und sie schloss als Zweitbeste ab. Eine Woche nach der letzten Prüfung hatte sie ihren ersten Job. Jetzt arbeitet sie in der Forensik mit kranken Straftätern – glücklich, ihnen helfen zu können und auch sich selbst. Ein Einstellungsgrund war: ihr Alter. Mit psychisch kranken Straftätern in Sicherungsverwahrung kann nur eine gestandene Frau arbeiten, die auch diverse andere Erfahrungen gemacht hat, als die Schulbank zu drücken.

Die Veränderungen in der Jobwelt treffen alle Jahrgänge. Flachere Hierarchien bedeuten, dass viele Posten einfach wegfallen, vertikale Karrieren werden seltener. Improvisierte Arbeitsverhältnisse werden üblich, Einjahresverträge, flexiblere Arbeitszeiten – damit müssen alle fertig werden, quer durch die Altersgruppen. Für Leute, die es nicht anders kennen, wie unsere erwachsenen Kinder, sicher ein kleineres Problem als für uns. Mein Arbeitsplatz ist mein Laptop – für Junge selbstverständlich, für manche Ältere gewöhnungsdürftig. Der eigene Schreibtisch mit Primeltopf und Gattenfoto – ein Auslaufmodell. Na und? Mussten nicht unsere Großeltern vom Pferdewagen aufs Auto umsteigen? Und haben sie es gepackt? Na, Gott sei Dank.

Die Jungen wissen, dass nichts mehr für sie sicher ist, und sie leben entsprechend anders als wir. Auf Enkel dürfen wir daher noch länger warten – verständlich, denn wir sind auch nicht die Großeltern, die sofort alles stehen und liegen lassen, wenn das Enkelkind Fieber hat – damit die Mutter arbeiten gehen kann. Schließlich arbeiten wir selbst. Und das viel und gern.

Wir sind den Jungen auf andere Weise Partner. Indem wir sie verstehen. Opas Satz »Was bist du denn schon? Mit 28 noch kein Job, keine Familie!«, den lassen wir schön stecken und begreifen, dass die Jungen heute ganz andere Abläufe kennen. Karriere im klassischen Sinne ist out. Für viele Junge gilt: Sie haben keine Chance, aber die nutzen sie. Sie richten sich ein zwischen McJobs und Studium, zwischen

Praktika und Pizzafahren. Sie sind Pragmatiker, niemand, den wir zu fürchten hätten. Wir sehen ihren Zickzack-Kurs und wissen: Unsere Jugend war anders. Besser? Schlechter? Das lässt sich nicht so einfach beantworten. Nur eines ist sicher: Wir haben es verdammt nötig, die heute Jungen zu verstehen und zu akzeptieren, sonst hängen sie uns doch noch ab – und das mit Recht.

Wir erinnern uns und wundern uns ein bisschen: Lange ist es her, da wir mal einen Vertrag unterschrieben haben und dachten, das sei eine Art Lebensversicherung. Längst wissen wir, dass dem nicht so war. Ich erziele immer Lacherfolge, wenn ich von meiner ersten Anstellung als Redakteurin einer Tageszeitung erzähle. Ich habe nämlich beim Einstellungsgespräch nicht mal nach dem Gehalt gefragt. Ich arbeitete glücklich drauflos. Und am Monatsende dachte ich: Jetzt müsste auch langsam mal Geld kommen. Und ich war neugierig, wie viel es sein würde. Zwölf Jahre war ich im selben Job, mit stetig steigendem Gehalt natürlich. Das war einmal.

Es gibt eine Region, wo man die hohe Flexibilität der mittleren Jahrgänge gut studieren kann: im Osten. Da haben schließlich *alle* Menschen über 30 unter ganz anderen Verhältnissen gelebt und gearbeitet als heute. Ihre Arbeitswelt ist nach 1990 komplett zusammengebrochen. Sie haben Planwirtschaft und sichere Jobs gekannt, sie bekamen Arbeitsplätze nach dem Studium zugewiesen, verbunden mit der Pflicht, dort mindestens drei Jahre zu arbeiten. Jede Brigade hatte einen Problemfall mitzuschleppen, Ex-Häftlinge oder Alkoholiker, man hat sie reihum geweckt und zur Arbeit mitgenommen, man hat über ihre Erziehungserfolge Rechenschaft abgelegt. Ab und zu wurde einer »Held der Arbeit« – eine hohe staatliche Auszeichnung, die andere zur Planerfüllung anspornen sollte und neben einer schönen Summe auch mit einem Bezugsschein für ein Auto dotiert war. Exotische Geschichten, die da heute zu erzählen wären. Und trotzdem sind sie nicht nur komisch. Wer solche Umbrüche überstanden hat, aus der absoluten Arbeitsplatzsicherheit in die Marktwirtschaft geschleudert wurde, kann unter allen Umständen arbeiten. Mit veränderten Umständen umgehen können, das ist das Plus unserer Generation, im Osten machen es *alle,* die noch einen Job haben. Nahtlose Anschlüsse an die Welt des Marktes gab es nach der Planwirtschaft kaum. Da ist eine ehemalige Diplomatin heute Vertreterin für das Sanitätshaus Seeger, aus ihrem Unglück hat sie eine neue Existenz aufgebaut. Nach der Krebsdiagnose und ihrer Heilung war sie qualifiziert, anderen Frauen bei den Folgen ihrer Brustkrebserkrankung zu helfen. Eine ehemalige Mitarbeiterin der Akademie der Wissenschaften leitet als Firmenchefin ihr eigenes kleines Biotech-Unternehmen mit sechs Mitarbeitern. Eine Außenhandelsexpertin ist Bildungsreferentin, eine Japanistin ist Uni-Sekretärin. Frauen, die mit 40 noch mal ganz neu durchstarten mussten – da es in ihrem Umfeld alle traf, haben sie nicht lange lamentiert, sondern ganz pragmatisch ihre Chancen am Schopf gepackt. Mit dieser Erfahrung, einmal alles verloren zu haben, sind sie gut gerüstet gegen verschiedene Altersängste. Und sie sehen klasse aus dabei.

Fazit: Altsein ist zunächst kein Problem. Es erfordert nur besondere Anstrengungen. Zurücklehnen ist nicht – du musst immer wachsam bleiben. Nicht, weil du älter geworden bist, sondern weil es diese Vorurteile gegen unsere Jahrgänge immer noch gibt und weil du sie bestätigst, wenn du nachlässt. Und weil du es dir schuldig bist, nicht Jahrzehnte vor dem wirklichen Ende von der Bildfläche abzutreten.

Man kann darüber stöhnen, man kann es auch als Ansporn sehen. Solange eine Forderung an uns da ist, bleiben wir in Anspannung, bleiben wir jünger, als wir sind. Manchmal spürt man es im Urlaub, wenn er zu lange dauert – man wird nicht erholter, sondern irgendwie schlaff. Nichtstun macht müde. Anforderungen halten frisch. Auch da ist mir meine Mutter ein Vorbild. Sie geht jeden Tag an ihren Computer wie an ihre Arbeit und schreibt Kindergeschichten. Sie findet nicht mehr für jede Geschichte einen Abnehmer. Aber sie schreibt und denkt sich immer wieder etwas Neues aus. Was soll ich denn sonst machen?, sagt sie, Arbeit ist doch mein Leben. Manchmal finde ich es schade, dass sie außer Arbeit keine anderen Interessen so ausgeprägt hat: Kochen, Garten, Lesen, Malen – das bedeutet ihr nicht so viel wie ihr alter Job. Inzwischen werde ich milder und verstehe. Arbeit hat ihr immer Bestätigung gegeben und Wichtigkeit – es ist das Glück des Kreativen, dass er nie aufhören muss zu produzieren. Ob die Welt Notiz davon nimmt, ist wiederum keine Frage des Alters. Astrid Lindgren hat mit fast 90 noch Kindergeschichten geschrieben, die in aller Welt gelesen wurden.

Den Beruf mit durch alle Altersphasen zu nehmen, ist genauso eine Kunst, wie eine Familie zusammenzuhalten und eine Ehe zu führen. Jeder hat die Aufgabe, seine maßgeschneiderte Lösung zu finden. Den Rahmen setzt die Gesellschaft. Aber wir selbst füllen die Leinwand.

Joblos glücklich

Noch ein kleines Beispiel für Tapferkeit nach dem Zusammenbruch der eigenen Lebenswelt: Ich habe einmal eine 44-jährige Frau in einer brandenburgischen Kleinstadt interviewt. An sie muss ich immer denken, wenn Leute über zu wenig Einkommen und über die Leere in ihrem Leben jammern. Anna war in der DDR Obstbäuerin in einer riesigen Obstanbauplantage. Das hat ihr Spaß gemacht, da war sie wer, eingebettet in ihre Brigade. Obstanbau wurde staatlich gefördert. Sie hat gut verdient. Nachdem der riesige Obstbetrieb durch neue Marktmechanismen weitgehend zerschlagen war, hatte sie keine Arbeit, keine Qualifizierung für andere Berufe. Sie hat über zehn Jahre lang alles gemacht, auf dem Markt gestanden, einen neuen Beruf gelernt, Versicherungen verkauft. Jetzt geht sie putzen, frühmorgens in einem Autohaus. Und sie sieht zufrieden aus. Der Grund: Das Putzen ist für sie nur eine Beschäftigung für ein paar Euro. Sie hat sich schon lange daran gewöhnt, mit wenig auszukommen. Anerkennung und Freude, Spaß und Lebenssinn aber holt sie sich ehrenamtlich. Sie arbeitet beim Tierschutz, sammelt streunende Katzen ein, die kastriert werden, bringt kranke Tiere ins Tierheim. Vielleicht wäre sie unter anderen Umständen und zu anderen Zeiten Tierärztin geworden. So aber lebt sie ihre Herzensangelegenheiten geldlos aus. Sie wird gebraucht, kann helfen und ist wer – man bringt ihr hilflose Kreaturen und sie weiß Rat. Nachdenken wie Anna, was noch Spaß machen könnte außer der Jobmühle, wäre für jeden von uns eine intelligente Investition in die Zukunft.

Man kann über beruflichen Erfolg nicht mehr reden, ohne die Gefahr zu sehen: Ältere haben in Zeiten steigender Arbeitslosigkeit immer noch geringere Chancen am Arbeitsmarkt. Vollbeschäftigung ist erst für 2030 prognostiziert – aber nur, weil weniger Nachwuchs nachrückt und die Bevölkerung bis dahin um 5 Millionen Menschen geschrumpft sein wird. So lange können wir nicht warten. Die Verwalter des Mangels in den Arbeitsagenturen werden gerade erst angewiesen, Menschen ab 55 nicht mehr zu vermitteln, sondern nur noch zu betreuen. Jetzt keimt die Idee, gerade diese Altersgruppe verstärkt in Ein-Euro-Jobs zu stecken, damit Ältere, die bisher nirgends registriert waren, sich nicht auch noch als Leistungsempfänger anmelden. Eins so schäbig wie das andere. Und Zeichen großer Konfusion. Alle Experten wissen: Bezahlte Arbeit wird in absehbarer Zeit nie mehr für alle reichen, auch wenn der Nachwuchs knapp wird. Jobs sterben vermutlich noch schneller.

Wer gern ohne Illusionen lebt, kann sich ja spielerisch schon mal vorstellen, wie es sich wohl ohne Arbeit leben ließe. Diese Frage stellt sich nicht der Resignierte, sondern der Mutige. Müssen wir wirklich alles am Job-Erfolg festmachen? Klar, wir Frauen haben uns unsere beruflichen Chancen mühsam erarbeitet. Darum hängen wir auch so an ihnen. Und es ist richtig, seine Arbeit zu machen, solange es geht, solange sie Freude und Sinn macht. Trotzdem ist es inzwischen gefährlich altmodisch, den Beruf für alle Zeiten zum Maßstab des Glücks zu machen. Schauen wir uns an, was den Beruf so wertvoll macht: Er sichert unser Einkommen. Und er verschafft uns Kontakt, Bestätigung und Lebendigkeit. Die Frage ist: Können diese Dinge auch aus anderen Quellen kommen? Die Geldfrage ist sicher prekär, wenn man nicht gespart hat und kein Erbe erwartet. Leichter haben es da jene Naturen, die nicht so sehr an Dingen kleben, die sich vorstellen können, abzuspecken bei den Gegenständen, die sie durchs Leben schleppen. Zu viele Dinge sind Ballast, sagt einem jeder Psychologe. Wer sie allzu zäh gegen Verlust verteidigt, wird verbissen und ängstlich. Einmal sagte eine Freundin, als ich glaubte, große Geldsorgen zu haben: Denk dran, es ist *nur* Geld! Da musste ich lachen. Ja, was gibt es nicht alles, was viel wertvoller ist als Geld. Eine neue Lebenseinstellung, die aus den satten Schichten von Amerika kommt, heißt *down-shifting.* Im Klartext heißt es: Nicht mehr so viel verdienen wie möglich, sondern so viel wie nötig. Das kann einen Gewinn an Lebensqualität bedeuten – mehr selbst bestimmte Zeit, weniger Funktionierenmüssen. Statt Jagd nach Karriere nun die Frage: Wofür das alles? Statt des Zweitwagens und des dritten Urlaubs im Jahr lieber mehr freie Zeit mit der Familie. Luxus, sagen Philosophen wie Hans Magnus Enzensberger, ist längst nicht mehr das, was wir kaufen können, sondern das, was wirklich knapp ist: Zeit, Ruhe, saubere Umwelt, Muße. Ein Denkansatz, der fürs Älterwerden unverzichtbar ist. Wir würden uns verrückt machen, wenn wir alles behalten wollten, was wir jetzt haben. Natürlich ist es keine schöne Vorstellung, im Alter aus dem eigenen Haus in eine Zweizimmerwohnung umziehen zu müssen. Rechtzeitiges *down-shifting* kann uns aber vor manchem überraschenden Absturz bewahren. Wir können nur das festhalten, was wir auch bewältigen. Materielle Dinge, deren Erhalt uns Stress beschert, verkehren sich in Lasten. Ballast abwerfen – eine Kunst, die zum glücklichen Älterwerden gehört wie Gelassenheit.

Die anderen Dinge, die der Job beschafft – Kontakt, Bestätigung, Lebendigkeit –, die können wir jederzeit auch anderswo bekommen. Wir müssen nur umdenken und herausfinden, was uns eigentlich wirklich zutiefst befriedigt. Wir haben gelernt zu funktionieren. Es ist toll, was wir geschafft haben. Und aus Gewohnheit ist Erfolg im Job ein Synonym für alle möglichen anderen Bedürfnisse geworden. Wir sind wer, man achtet uns, wir definieren uns als Ärztin, Redakteurin, Sachbearbeiterin. Aber eigentlich sind wir Karin, Ursula, Gabriele. Die vor langer Zeit mal einen Berufsweg eingeschlagen haben. Und ihn natürlich weitergehen wollen, solange wie möglich. Und wenn es nicht mehr möglich ist? Bricht dann die Welt zusammen? Muss nicht sein.

Leben, um zu arbeiten, oder arbeiten, um zu leben? Es wäre gut, darüber noch einmal von vorn nachzudenken. Was gibt Arbeit mir und woher noch kann ich diese Glücksbausteine beziehen?

Spaß, Teilhabe, Anerkennung – alles Dinge, die auch ohne finanziellen Profit zu haben wären. Wir müssen sie nur entdecken und uns vom pflichtbewussten Erst-kommt-die-Arbeit lösen. Für Ältergewordene ist dieses Denken verstaubt.

Es hilft, wenn wir aufwärts streben, ausbauen, expandieren. Das ist aber vorbei. Wir brauchen jetzt maximale Lebensqualität. Und müssen gelegentlich neu bestimmen, worin sie besteht. Rechtzeitig loslassen vom Job – eine Kunst, die mit darüber entscheidet, wie lange wir gesund bleiben. Wir müssen die Balance finden: Da ist der Anspruch, lange dabei zu sein, sich vom Beruf nicht vorzeitig zu verabschieden, und da ist das Bedürfnis, fürs eigene Wohlbefinden zu sorgen, nur zu tun, was Lust macht. Wenn der Beruf mehr Last als Lust ist, dann hat er ausgedient als Sinnstifter. Dann schadet uns das Funktionierenmüssen mehr, als es nützt. Dann führt Jobstress zu Krankheit. Dann müssen wir andere Fragen stellen. Vor allem die: Welches Vergnügen brauche ich heute, um zufrieden und glücklich zu sein?

Zum Beispiel Greenpeace

Ehrenamtliches Engagement enthält alle Komponenten eines geliebten Jobs – nur dass wir ganz allein das Limit bestimmen, wie weit wir uns einsetzen. Anna, die tierliebe Putzfrau, holt sich Befriedigung und Bedeutung als Tierschützerin. Für alte AKW-Gegner oder auch für Leute, die endlich Zeit haben, ans große Ganze zu denken, ist Greenpeace eine Beschäftigung jenseits von Einkommensfragen. In 20 Städten gibt es »Teams 50plus«, die sich gegen Umweltzerstörung und für die Erhaltung unserer Lebensgrundlagen engagieren. Hausfrauen, Architekten, Handwerker, Richter, Naturwissenschaftler arbeiten da gemeinsam. Sie nehmen an Demonstrationen teil, betreuen Stände, recherchieren für Projekte, halten Vorträge an Schulen. Ein schöner Satz, der da schon mal zu hören ist: »Meine Oma ist cool, die ist bei Greenpeace.«

Meine Freundin Angelika, 63, hat seit ihrer Pensionierung weniger Zeit als vorher. Sie arbeitet in einer Initiative für mehr Demokratie. Da hat sie auch ihren Lebensgefährten kennen gelernt. Meine Freundin Marita, 62, ist fast nie zu Hause, seit sie im Ruhestand ist. Sie arbeitet in einem internationalen Frauennetzwerk mit. Sie waren im Job *first class* und sie sind es ohne Job genauso. Sie werden einfach gebraucht und es geht ihnen gut damit.

Zeitarbeit – auch eine Lösung

Ein Weg, wieder in den Job zu kommen, auch wenn es noch so aussichtslos erscheint, ist Zeitarbeit. Das Sklavenhändler-Image haben Zeitarbeitsfirmen inzwischen abgelegt. Seit 2004 bezahlen die 4600 Zeitarbeitsfirmen nach einem Tarifvertrag, den der Bundesverband Zeitarbeit mit der Gewerkschaft ausgehandelt hat. Sie gewähren die gleichen Rechte wie andere Firmen – vom Kündigungsschutz über Lohnfortzahlung bei Krankheit bis hin zum Urlaubsanspruch und Mutterschutz.

Und hier werden Ältere wirklich geschätzt. Firmen, denen ältere Zeitarbeiter angeboten werden, haben keine Angst vor hohen Kosten und Kündigungsschutz. Sie machen oft genug die Erfahrung, dass ältere Leiharbeiter Fachkompetenz, Loyalität und Verlässlichkeit mitbringen. Manche ärgern sich, dass sie ebensolche Mitarbeiter vor Jahren aus ihrem Know-how-Pool aussortiert haben. Ein Weg, den einen oder die andere zurückzuholen?

Mit Zeitarbeit bekommt man jedenfalls eher ein Bein in eine Firma als mit einer Bewerbung von außen. Nach einer Befragung unter dem Motto »50plus« bei 360 Personalverantwortlichen in Unternehmen mit mehr als 250 Beschäftigten zeigte sich: 78,7 Prozent von ihnen sind bereit, Leiharbeiter zu nehmen, die über 50 Jahre alt sind. Nur 18,3 Prozent lehnten das ab.

Die international agierende Schweizer Zeitarbeitsfirma Adecco will nach eigenem Bekunden mehr Zeit einsetzen für das »Reaktivieren von Know-how unter den Senioren«. Jede achte von Adecco vermittelte Arbeitskraft ist älter als 50. Manager von Zeitarbeitsfirmen werfen, wie Thomas Reitz von Manpower, begehrliche Blicke auf die fitten Alten, die infolge falscher Weichenstellungen in den 90ern aus dem Arbeitsleben ausrangiert wurden. Jetzt steht ihre Re-Integration in die Wirtschaft bevor. Die veränderte Altersstruktur der Gesellschaft macht's nötig. Und wir sind nicht beleidigt, sondern stehen bereit.

Gesundheit: So bleiben wir fit

»Gesundheit ist eine Lebenskompetenz.«

Annelie Keil

Krankheiten – kein Thema

Jeden Dienstag treffe ich mich mit der von uns so genannten Mädelsrunde in unserer Stammkneipe. Wenn alle kommen, sind wir 13. Alle Jahrgang 1950 bis 1954, alle Mütter erwachsener Kinder, vier von ihnen Großmütter, alle berufstätig. Alle schön. Finde ich. Die dazugehörigen Männer (drei haben gerade keinen) fragen sich regelmäßig (neidisch), was wir uns denn so viel zu erzählen haben, jeden Dienstag, drei bis vier Stunden. Eines kann ich ihnen versichern: Zipperlein, Wechseljahre und andere körperliche Unbilden sind es jedenfalls nicht. Gespräche über Krankheiten fallen bei uns äußerst knapp aus – zu spannend ist der Rest des Lebens. Eine hatte eine Hüft-OP, man hat ihr E-Mails und Blumen in die Klinik geschickt und sie hat auch eine Besuchsabordnung bekommen. Aber lange Klagen vorher und nachher gab es nicht. Eine hatte vor zehn Jahren Brustkrebs. Wenn das Thema auf Krebs kommt, zum Beispiel, weil es im Fernsehen eine Krebs-Themen-Woche gab, steuert sie unaufgeregt ihre neuesten Erkenntnisse bei. Weil sie natürlich Bescheid weiß und liest und dran ist an neuen Entwicklungen des Themas. Nie habe ich eine Runde erlebt, bei der jemand ausgiebig über schlechten Schlaf, Migräne oder Wechseljahresbeschwerden geredet hat. Allerdings reden wir gelegentlich über Abnehmen, Sport, Diät, Hautcremes – was dem Erhalt des wunderbaren Zustandes der 13 Mädels nützlich sein könnte. Am häufigsten aber geht es um Filme, Theater, Bücher, Politik in der Stadt, im Land und in der Welt. Auch um Reisen und die Kinder. Wir reden auch nicht allzu viel über die Vergangenheit – wie man es sich vielleicht von den Kaffeekränzchen unserer Mütter vorstellt. Wir sind alle über 50 – und sehr mit der Gegenwart beschäftigt.

Selten ist mal eine krank. Irgendwie sind wir gute Jahrgänge – was Gesundheit und Kondition angeht, haben wir Glück, scheint es. Und entsprechen so gar nicht der Vorstellung von Damen gesetzten Alters, die es hier zwickt und da zwackt und die sich mit Vorliebe über Hormonpräparate, Krampfadern und Arthrose austauschen. Lieber besorgt eine für alle Konzertkarten (Georgette Dee) und wir gehen ins Kino (»FC Venus«, weil da die Tochter von einer von uns mitspielte) und ins Theater (»Dreigroschenoper« mit Campino). Im Sommer picknicken wir abends im Park, Obst, Käse, Baguette, was jede so am Weg von der Arbeit einsammeln kann. Jede versorgt die anderen mit ihrem gesammelten Know-how über Job, Ehe, Umgang mit erwachsenen Kindern und das Leben drumherum, und man lernt im Lauf der Zeit, das eigene Alter noch mehr zu schätzen. Man sieht sich im Spiegel der anderen und schließt auf sich selbst. So viele attraktive, gut ausgebildete, jung gebliebene, gesunde Frauen – das kann kein Zufall sein. Ich glaube, so was wie diese Runde hält irgendwie auch gesund. Manchmal besser als Therapie und Pillen.

Bloß kein Krampf

Wir wissen ja alles – oder das meiste. Essen gut, gehen zum Yoga oder haben uns Stöcke zum Walken angeschafft. Wir kaufen das richtige Olivenöl, wissen, wie Sahnesauce ohne Sahne gemacht wird, meiden Torten und Schnaps, rauchen selten. Aber das ewig schlechte Gewissen der Vierziger haben wir uns abgewöhnt. Da haben wir uns noch gestresst: Genug getan? Alles berücksichtigt? Vitamine? Mineralien? Ballaststoffe, Omega-3-Fettsäuren? Genug getrunken? Genug Schlaf? Ist uns noch irgendwas entgangen, was wir für uns tun können? Immer eine Flasche Mineralwasser auf dem Schreibtisch und im Auto? Klar, machen wir. Mindestens drei Tomaten am Tag, die schmecken ja auch gut, zweimal in der Woche Fisch ... Alles richtig machen kann auch falsch sein, wenn es zu sehr stresst. Vorbei. Jetzt sind die Lebensgenüsse verinnerlicht, die uns wirklich gut tun. Und wo nicht, da hilft auch kein Gesundheitsdiktat. Zusätzlicher Stress mit Sport und Abnehmen geht nach hinten los. Wer bereit ist, tut das Nötige und genießt es, wer nicht, darf Geduld mit sich haben. Aber jammern darf er nicht! Wer dick ist, weiß, warum. Erst hungern, dann Döner, und dann sagen: Ich weiß auch nicht, das müssen die Hormone sein – das ist einfach langweilig. Zur Gesundheit gehört Lockerheit. Krampfiges Gesundleben bringt keine Punkte.

Es gibt so viele Ratschläge – wer sie alle befolgen wollte, würde in furchtbaren Stress geraten und der würde ihn vermutlich erst krank machen. Ernährung, geistige und körperliche Bewegung und ein ausgefülltes Leben sind die besten

Zutaten für lange Gesundheit. Aber vor allem braucht es Weisheit. Die Weisheit, gut und angemessen mit sich selbst umzugehen. Und wer hätte diese Weisheit mehr als wir, die wir schon eine Menge über uns und das Leben gelernt haben? Krank im Alter? Muss nicht sein. Vieles ist auch eine Sache der Einstellung.

Was uns gut tut

Ein Gespräch mit der Bremer Professorin Annelie Keil, die sich als Sozialwissenschaftlerin mit dem Zusammenwirken von Körper, Geist und Seele beschäftigt und erforscht, wie seelische Faktoren in das Immunsystem hineinwirken.

Frau Prof. Keil, wir wissen, dass Gesundheit nicht nur Glückssache ist. Was haben wir selbst in der Hand? Mit welcher Lebenseinstellung bleibt man lange gesund?
Wir brauchen dringend eine Ahnung davon, wie Leben lebt. Leben ist Bewegung, nichts Statisches. Man muss es vom ersten bis zum letzten Atemzug immer wieder neu erfinden und entwickeln. Dazu braucht man eine offene, erwartungsvolle Haltung. Wir müssen den Erfindergeist, der dem Leben zugrunde liegt, immer wieder hineinlassen in unser Leben.

Was heißt das fürs Älterwerden?
Dass wir uns in jedem Alter auf neue Gedanken einlassen. Das ist nicht einfach. Wir bekommen schließlich Routine, die Neuro-Biologen nennen das Denken in gewohnten Bah-

nen »Autobahnen« – aber das darf uns nicht auffressen. Routine ist ja auch Alltagsklugheit, wir kennen uns beispielsweise in unserer Partnerschaft aus, wissen, wann der andere wie reagiert. Das ist auch etwas Positives. Andererseits müssen wir bereit sein, uns überraschen zu lassen – auf den Seitenstraßen.

Warum fällt das manchmal so schwer?
Es ist immer ein Risiko, sich auf neue Gedanken einzulassen, die Gedanken-Autobahn zu verlassen. Menschen wollen gute Erfahrungen gern wiederholen. Sie denken: Jetzt weiß ich, was gut ist. Und das wollen sie dann immer wieder. Sie wollen Gutes festhalten und das Leben zwingen.

Ist das nicht verständlich?
Doch. Aber alles hat zwei Seiten. Wenn man zum Beispiel umzieht, kann man denken: Jetzt verliere ich all das Gute, was hier mein Leben war. Man kann auch denken: Jetzt beginnt etwas Neues, ebenso Gutes. Wir müssen immer offen bleiben. Wenn einer im Alter in die Stadt zieht, in der die Kinder inzwischen leben, ist das sicher eine gute Idee. Eine schlechte Idee ist aber, sich von dem Wunsch, bei den Kindern zu sein, blenden zu lassen und nicht zu prüfen: Kann ich da auch ohne die Kinder leben? Entspricht mir das Umfeld dort, meinen kulturellen Wünschen, meinem Einkaufsverhalten und so weiter. Wer glaubt, jetzt bekommt er die verlorene Familie zurück, so wie damals, als die Kinder klein waren, der wird bitter enttäuscht werden und sich wahrscheinlich einsamer fühlen als vorher.

Und was hat das alles mit Gesundheit zu tun?
Es geht um Offenheit, die ist das Allerwichtigste für unsere Gesundheit im Älterwerden. Unser Organismus lebt nur über die Offenheit und Flexibilität. Der Blutdruck zum Beispiel passt sich ständig der Situation an. Ob ich mich freue, Treppen steige oder im Sessel sitze und einen Krimi sehe – der Blutdruck ist jedes Mal verschieden. So funktioniert Leben in uns. Ständig wandelbar, immer wieder neu. Dagegen darf man sich nicht ungestraft stellen, indem man innerlich starr wird. Unbewusstes hat auch eine leibliche Seite. Wenn einer innerlich starr wird, wird auch sein Organismus starr. Das macht ihn krank, weil es gegen sein Prinzip ist – Beweglichkeit.

Was meinen Sie mit innerlich starr werden?
Wenn wir unseren Radius verkleinern. Wenn wir zum Beispiel nicht mehr in die Stadt fahren, weil wir fürchten, keinen Parkplatz zu finden. Wenn wir immer nur dahin reisen, wo wir uns schon auskennen. Wenn wir zu viele Urteile haben: Das mag ich nicht, das finde ich nicht gut, das ist falsch. Da bauen wir eine Mauer um uns herum. Das ist auch so, wenn wir Kindern ihre Fragen nicht beantworten. Dieser Starrsinn macht krank.

Warum passiert das manchen?
Wir werden unterschiedlich älter. Das gehört zu unserer Biografie. Der eine hat Schweres durchlebt, der andere hatte es immer gut. So ist das Leben – und dabei lernt jeder etwas anderes. Vermeiden, Verdrängen, Ängste – diese Antworten auf leidvoll Erlebtes machen starr.

Wie können wir dem entgehen?

Je offener, flexibler wir leben, desto leichter ist das Älterwerden. Wer sich bestimmte Dinge nicht mehr zutraut, hat oft eine passive, resignative Haltung, sucht nach Begründungen, warum dieses und jenes nicht geht, schiebt Zipperlein vor und nachlassende Kräfte oder schwache Nerven. Wer wirklich mal erforscht, warum er das oder jenes nicht tun möchte oder sich nicht zumuten will, wird dahinterkommen, dass er vielleicht noch nie gern Auto gefahren ist – es aber früher musste. Einkaufen, Kinder wegbringen und abholen. Das war gar keine Frage. Und die Kraft dazu war da. Jetzt müssen wir wieder entscheiden: Was ist wichtiger – meine Angst vor der Parkplatzsuche oder meine Mobilität in der Stadt?

Sollen wir uns zur Mobilität zwingen? Ist Disziplin wichtig?

Gesundheit ist eine Lebenskompetenz, die maßgeblich davon abhängt, den Bedürfnissen des Körpers und der Seele so gut wie möglich zu entsprechen. Dazu gehört der *eigene* Rhythmus. Den muss ich erspüren und ihm folgen. Belasten oder ausruhen? Beides kann gut sein – beides zu seiner Zeit. Zum Beispiel die Ernährung: Alte und Kinder brauchen wenig, aber oft etwas zu essen. Was sie nicht brauchen: ein Abfüttern zu den Hauptmahlzeiten. Leben hat Rhythmus statt Takt.

Wir sollen uns also nicht eintakten lassen?

Genau. So lebt Leben nicht. Gesund ist schöpferische Gestaltung des Lebens, nicht passive Reaktion.

Warum ist gerade Flexibilität so wichtig?
Wenn irgendwann die Kräfte eingeteilt werden müssen, ist es leichter, Flexibilität zu wählen, das heißt, immer wieder neu zu entscheiden, was jetzt für mich wichtig ist. Das gehört zu den Beglückungen des Alters: Man muss nicht müssen!

Also doch mal abends vor dem Fernseher hängen und sich nicht ins Getümmel stürzen?
Mal so, mal so. Das Fernsehen einseitig zu verteufeln, ist falsch. Für einsame Alte ist es vielleicht der letzte Draht zur Welt. Pauschalurteile helfen nie und niemandem. Unser Leben gelingt im *Austausch* – mit der Welt. Es braucht *schöpferische Gestaltung* – und sei es Kartoffeln schälen; für Alzheimer-Patienten genügt so eine Aufgabe beispielsweise schon, um sie aus der Lethargie herauszuholen. Wir brauchen *Kommunikation und Überraschung*. Und schließlich müssen wir *in Beziehung treten*, auch mit uns selber, um uns lebendig zu fühlen.

Das trifft auf jedes Lebensalter zu. Was ist daran im Älterwerden anders?
Das sind die Dinge, die unsere Lebensgeschichte ausmachen – wie sie gelingen, das prägt auch Gesundheit. Mit unseren körperlichen, geistigen und seelischen Mustern werden wir älter. Und davon hängt ab, wie das Älterwerden erlebt wird.

Wenn Austausch und Kommunikation weniger werden, weil wir allein leben und nicht mehr arbeiten, wenn die

Lust, etwas zu unternehmen, nachlässt, wenn dadurch auch Freude und Überraschungen mehr und mehr ausbleiben – werden wir dann unweigerlich krank?
So ein Leben kann lange unauffällig sein, das Herz hält lange durch, ehe wir etwas merken, auch der Rücken verbiegt sich nur ganz langsam. Man kann den Organismus eine Weile zwingen, der Kontrolle unterwerfen. Und doch passiert etwas mit uns, unserem Körper. Wenn der Würgegriff der Sparsamkeit uns festhält, wenn Neid und Kontrolle sich ausbreiten, wenn wir den Strick der Ungeduld um den Hals tragen. Wenn das passiert, gehen wir auf den sozialen Alterstod zu.

Sind das Eigenschaften, die krank machen?
Es sind Verhaltensweisen, die das Älterwerden sehr schwer machen, die Achtsamkeit mit sich selbst zum Beispiel hindern. Die Gesellschaft fördert solche Tendenzen, wenn sie sagt: Wir brauchen dich nicht mehr, du wirst wegen Nutzlosigkeit ausgegliedert.

Wie können wir gut auf uns achten?
Die Weltgesundheitsorganisation definiert ja Gesundheit als körperliches, geistiges, seelisches und soziales Wohlbefinden. Ich möchte ergänzen: auch spirituelles Wohlbefinden. Das ist keine statische Größe, sondern eine veränderliche. Es findet ständig ein eigenes Wachstum statt. Ich bin also der Experte für mein Leben. Ärzte und andere Helfer können meine Selbstheilungskräfte in Gang setzen – für mein Leben trage ich selbst die Verantwortung. Ich muss immer wieder Antworten finden auf mein Leben. Auch für meine

Gesundheit. Also weiß ich auch: Gesundheit kann ich nicht kaufen, in Form von Pillen und Behandlungen. Ich muss mich nicht aus Respekt vor Ärzten mit Verordnungen abfinden. Ich selbst muss prüfen, was wie wirkt.

Und was ist mit Risikofaktoren, auf die sich viele einlassen? Übergewicht? Rauchen? Trinken?
Diese Risikofaktoren sind selbst Antwort auf ein jeweils anderes, bisher unerkanntes Risiko. Warum soll ich mir Mühe geben, sie loszuwerden, wenn ich das Gefühl habe, das Leben erwartet mich nicht, da ist keine Beziehung, keine Arbeit? Wer zu viel wiegt, muss die Fragen beantworten, die er sonst über das Essen gelöst hat, vorher wird er kaum abnehmen. Viele fressen, um sich gegen die Welt zu wappnen. Übergewicht allein ist nicht das Problem. Was dahintersteckt, ist die Frage, die ich beantworten muss. Habe ich eine schwere Zeit? Zu viel Arbeit? Zu wenig Arbeit? Muss ich eine Freundin beim Sterben begleiten? Dann kann es schon sein, dass ich mir ein paar Kilo zu viel drauffuttere. Gut, wenn ich dann nicht den Mut verliere, sondern weiß, wenn ich Zeit und Kraft habe, werde ich die Kilos wieder los. Das Leben gefährdet Gesundheit ja immer! Jeder hat seine eigene Geschichte mit seinen Risikofaktoren. Wer sie verstehen und abschaffen will, braucht das Gefühl: Ich will hier raus. Das schaffen nur außergewöhnliche Menschen. Das ist leider keine Massenbewegung.

Wie schafft man es, gesünder zu leben?
Appelle sind meist nicht sehr erfolgreich. Man kann höchstens an die Selbstorganisation appellieren, Mut machen.

Man kann sagen: Hol dir Hilfe, es lohnt sich, die Natur ist so schön, es lohnt sich, gegen das Gewicht zu wandern. Es lohnt sich für dich. Das hat auch Auswirkungen auf die innere Beweglichkeit. Interessant ist ja: Innerlich bewegliche Leute sind auch mit Übergewicht attraktiv und leben oft ganz gut damit.

Also statt loszulaufen erst mal an die eigenen Gefühle ran …
Körper und Seele sind immer im Dialog – daher ist es sinnvoll, unsere Symptome in Bezug zu unserem Inneren zu verstehen.

Viele Frauen erleben die Wechseljahre wie eine Krankheit.
Wechseljahre sind Veränderung, und Leben ist Veränderung. Wechseljahre sind auch ein Geschenk an die Frau, die eine Aufgabe nun erfüllt hat. Die kann sie jetzt abgeben: Ihren Körper als Wohnung für neues Leben zu geben – das ist vorbei. Das ist in gewisser Hinsicht wie eine Pensionierung. Und eine Aufforderung, jetzt ein anderes Leben zu leben. Es kann unangenehm sein, sich auf die neue Situation einzustellen und einzusehen, Veränderungen heißen nicht unbedingt Veränderung zum Besseren. Das ist doch kein Drama, die Frage ist vielmehr: Was braucht mein Körper jetzt? Mehr Deo? Wenn ich Karrierefrau bin, zwei Jil-Sander-Kostüme mehr zum Wechseln, weil ich manchmal schwitze? Mehr Ruhe? Mehr Schlaf? Oder weniger Schlaf? Wir haben in der Menstruation üben können, dass der Körper immer mal anders ist. Aber wir lernen viel zu sehr, dass alles immer gleich zu sein hat, dass keiner etwas merken

darf, nicht mal wir selbst. Deswegen erschüttert es Frauen, wenn sie in die Wechseljahre kommen. Die Veränderung macht ihnen Angst.

Wie überstehen wir diesen Umbruch gut?

Wir sollen ihn nicht einfach übergehen. Aber auch kein Drama draus machen. Es ist ein hormoneller, seelischer, nervlicher Umbruch, der braucht unsere Aufmerksamkeit. Es kann zu depressiven Verstimmungen kommen. Dann müssen wir uns darum kümmern. In dieselbe Zeit fallen ja auch andere mögliche Veränderungen: Die Kinder ziehen aus, der Mann hat vielleicht eine Freundin, im Job wird es ruhiger, diese Dinge spielen in das Erleben der Wechseljahre hinein. Dann sinken womöglich die Widerstandskräfte und am Ende sagt sich die Frau: Jetzt bist du nicht mehr attraktiv. Damit muss man sich beschäftigen und genau spüren, welche Dinge wirklich wichtig sind.

Sollen wir Zipperlein verdrängen oder lieber gleich zum Arzt gehen?

Bloß nicht verdrängen! Zipperlein sind Hilferufe des Lebens. Sie wollen, dass wir uns fragen: Was ist los mit mir? Gut tut eine Selbst-Anamnese, vielleicht finden wir selbst heraus, woran es fehlt, können etwas ändern und die Zipperlein verziehen sich. Um Selbstdiagnose geht es aber nicht. Arzt ja oder nein – das hängt von der gesamten Situation ab. Alle fundamentalistischen Haltungen schaden dem Leben. Also am besten finden wir heraus: Was würde mir jetzt helfen? Ein Gespräch mit einer Freundin? Der Arzt? Mehr Ruhe?

Ist nicht bei jedem Unwohlsein auch Todesangst im Spiel? Wenn Gesundheit als selbstverständlich erlebt wird, dann werden Zipperlein als Angst machend erlebt. Wir kommen mit der Todesahnung schon auf die Welt. Denn das Leben findet zwischen Geburt und Tod statt. In jedem Glücksgefühl steckt die Angst vor dem Ende des Glücks. Trennungen sind wie der Tod. Nichts ist sicherer als der Tod – wir wissen nur nicht, wann – und das irritiert. Also gilt wieder: Sei in Bewegung, im Austausch – auch mit der Bedrohung.

Was uns krank macht

Prof. Annelie Keil berichtet auch von einem zusätzlichen Gesundheitsrisiko, dem viele unbewusst ausgesetzt sind: Schlechte Ehen machen krank. Von Forschern, die sich mit dem Immunsystem und seelischen Prozessen beschäftigen, sind sie als Hauptkrankmacher ausgemacht, noch vor der Arbeit. Das ist wissenschaftlich belegt. In einem aggressiven Klima, das von Gewalt und Demütigung geprägt ist, wo einer nur funktionieren muss, sind das Immunsystem und das Nervensystem stark angegriffen. Es kommt zu Erschöpfungszuständen, zu hohem Blutdruck, Schlaflosigkeit – wann das in eine Krankheit umschlägt, ist unterschiedlich. Umgekehrt ist bekannt: Wenn es ein stützendes, liebendes, anerkennendes Umfeld gibt, dann sind auch bei schweren Krankheiten die Heilungschancen größer.

Als ich davon einer Freundin berichte, erinnert sie sich sofort an ihre Magenschmerzen, die sie jahrelang gequält haben wie ihre ewigen Auseinandersetzungen um Haushalt und Kindererziehung mit ihrem Mann. Jeder Stresstag wurde damals mit Magenkrämpfen bestraft. Schmerzen und Wut auf den Mann schaukelten sich gegenseitig hoch.

Nach fünfzehn schmerzvollen Jahren wurde Helicobacter gefunden und mit Antibiotika behandelt. Heute ist ihr Magen gesund und stabil. Beruflichen Stress hält er aus. Und die Scheidung ist nach 25 Jahren eingereicht. Der Zusammenhang ist nicht konkret beweisbar. Aber meine Freundin glaubt, dass ihre Ehe ihre Gesundheit lange unterminiert hat. Typisch, dass sie das jetzt erst erkennen kann: Manchmal sieht man den Wald vor lauter Bäumen nicht, laboriert an Zipperlein und heilt nicht die Ursache. Denn Scheiden tut ja auch weh.

Eine unbewältigte Trennung kann allerdings ebenso krank machen wie eine schlechte Ehe. Das liegt an den zwei Faktoren, die sich als besonders krankmachend herausgestellt haben: das Gefühl von Hilflosigkeit und das der Hoffnungslosigkeit. Ausgeliefert zu sein, bekommt einem ganz schlecht, schwächt zusätzlich noch mehr.

Aber das heißt auch, dass es einfache und schnelle Heilmittel gibt: Wer in scheinbar ausweglosen Lagen aktiv wird und handelt, hat den ersten Schritt in Richtung Heilung schon getan, hat sich von Hilflosigkeit und Hoffnungslosigkeit entfernt. Deswegen ist es auch nicht ganz unwichtig, wer sich aktiv trennt, wenn eine Ehe nicht mehr zu retten ist. Der eine mag an ihrer Zerrüttung so lange gearbeitet haben, bis dem anderen keine Wahl mehr blieb, als zu gehen. Wer angesichts *gemeinsamen* Scheiterns den ersten *aktiven*

Schritt macht, also nicht hilflos stehen gelassen wird wie ein kaputter Regenschirm, der hat die besseren Heilungschancen. Aussitzen macht krank. Vor allem, wenn am Ende doch dasselbe Ergebnis steht: Trennung. Die Angst vor Veränderung, die Angst vor dem Neuen – alles krankmachende Faktoren, weil sie Bewegung verhindern, Schmerz, Stress und Groll aber verhärten.

Einig sind sich die Experten: Alles, was man im Leben nicht verarbeitet, beispielsweise Tod, Trennung, Verrat, bildet riesige, krankmachende Müllhalden. An welcher körperlichen Schwachstelle sie dann wirksam werden, das ist ganz unterschiedlich. Langsam, aber sicher, schwächen ungelöste Zwänge, Ängste und Kränkungen, bis sich eine Krankheit ausbildet – als Antwort auf die unverarbeiteten Probleme. Da dieser Prozess lange dauert und der Körper lange Zeit eine Menge wegsteckt, seine ersten Warnsignale erst mal locker übergangen werden, schlagen Krankheiten vorzugsweise später zu. Deswegen scheinen Ältere kränker und schwächer zu sein. Dabei hat es nur lange genug gedauert, bis der Körper auf die seelischen Nöte reagiert hat.

Ungesunde Selbstlosigkeit

Jeder kennt sie, diese selbstlosen Frauen, die in unhaltbaren Situationen verharren, beladen mit Schuldgefühlen. Die sich um alles und jeden kümmern, nur nicht um ihr eigenes Glück. Oft werden sie bewundert für ihre Geduld.

So selbstlos sind sie aber gar nicht. Psychologen sagen: Jeder hat etwas davon, wenn er in einer schlechten Beziehung bleibt. Und sei es die Sicherheit, dass es morgen genauso wird wie heute und gestern. Mag sein, dass das für manche ein Wert ist. Gesund ist es nicht. In einer Beziehung zu bleiben, wo sich zwei ständig gegenseitig entwürdigen, macht schuldig. Vor sich selbst und auch vor dem anderen. Denn auch er wird um die Chance betrogen, umzudenken, neu anzufangen.

Annelie Keil bringt die Unsitten schlechter Ehen auf den Punkt: »Wie leben wir denn miteinander? Ein normaler Erwachsener kann heute nicht einen Nachmittag allein weg sein, ohne dass wir wissen, wo er ist. Er muss einen Zettel auf den Tisch legen: Bin einkaufen, komme gleich zurück. Kontrolle ist allgegenwärtig. Weil die Angst da ist, der geht zum Zigarettenautomaten und das nächste Mal wird er am Kap Horn gesehen. Wir sind auf Friede, Freude, Eierkuchen geeicht. Das ist nicht das Leben, das Menschen brauchen.« Wir spüren das, verdrängen es und werden krank oder süchtig. Denn irgendwo muss der Unmut ja hin.

Und aus Pflichtgefühl bleiben, wenn alle Zeichen auf Aufbruch stehen? Weil andere verlangen: Du sollst so leben, wie wir uns das vorstellen? Keine Couchpotato sagt zu seiner unternehmungslustigen Frau: Toll, dass du dich so entwickelst, ich bin eben ein bisschen langweilig, also musst du mich verlassen. Aber wenn ich erkenne: Mit diesem Mann kann ich nicht im Mindesten so leben, wie ich das brauche, dann muss ich gehen. Wenn ich mir mein Leben lustig, frei und abenteuerlich vorstelle, kann ich nicht bei einem depressiven Stubenhocker bleiben. Niemand ist verpflichtet, einen anderen glücklich zu machen – und dabei selbst unglücklich und krank zu werden.

Freundschaft stärkt

Ja, es ist ungerecht: Wer als Frau stark erscheint, seinen Weg geht, dabei anderen vielleicht auch wehtun muss, wird oft weniger geliebt. Aufopferung gehört immer noch zu den liebenswerten Eigenschaften einer Frau. Weich soll Frau sein – immer noch. Und wenn sie dabei auf die Nase fällt, ist ihr Mitleid gewiss. Hilfe, wenn sie viel Glück hat, auch. Aber muss es so weit kommen? Ist Opfermut wirklich mutig? Ich bin mal all die Frauen durchgegangen, die ich kenne, und habe mich bei jeder gefragt: Ist sie glücklich? Heraus kam: Etwa ein Drittel ist frei und glücklich, etwa ein Drittel ist zufrieden und gut arrangiert, ein Drittel ist richtig unglücklich und fühlt sich auch nicht gesund. Das glückliche Drittel – das sind die scheinbar Rücksichtslosen. Wobei ich nicht meine, dass sie rücksichtslos anderen schaden und sie womöglich ausnutzen. Nein, sie nehmen keine Rücksicht auf Normen und Sitten, sie gehen frei ihren Weg, sie muten sich Risiken zu, sie ecken an, sie fallen hin, stehen wieder auf, sie leben so lange mit einem Mann, wie er ihnen gut tut, sie leben auch allein, sie machen im Lauf der Zeit immer weniger Kompromisse, und wenn sie Kompromisse machen, dann wohlüberlegt, sie ziehen Kinder groß und arbeiten, sie sehen gut aus und wirken sexy. Auch mit 53. Und sie sind alle ziemlich gesund. Und optimistisch. Keine von ihnen klagt über das Älterwerden. Über Krankheiten mussten wir noch nie reden. Ich bin froh, solche Freundinnen zu haben. Und auch die zufriedenen und die unglücklichen sind eine Bereicherung. Freundinnen sind immer eine Bereicherung. Freundschaft gehört zur Gesundheit wie Austausch mit der Welt. Wir lernen an ihnen. Wahre Freundschaft ist wie Liebe ohne Sex.

In der Freundschaft kann man seelische Gesundheit üben. Dazu gehört streiten, seine Meinung vertreten, konstruktive Kritik üben und wohlmeinende Kritik einstecken, die Meinung anderer prüfen – sich geborgen und angenommen fühlen, jemandem das Gefühl von Geborgenheit geben. Man kann Verzeihen üben. Ganz wichtig für die Gesundheit, wenn man die Groll-Ablagerstätten möglichst klein hält und immer mal aufräumt. Freundschaften werden mit den Jahren immer wertvoller, Zeit für sie ist Zeit für uns selbst. Ein Gespräch mit der besten Freundin erspart manchen Gang zum Arzt. Es gibt sogar eine Untersuchung, die belegt, dass Frauen, die gute Freundinnen haben, nach Krankheiten und OPs schneller wieder genesen. Unklar bleibt, ob die Freundin konkret dabei hilft, wieder auf die Beine zu kommen, oder ob es einfach die ohnehin Fitteren sind, die gute Freundinnen haben. Aber der Zusammenhang ist bewiesen.

Früher nie krank gewesen?

Krank und gesund sind relative Begriffe. Wer beim Älterwerden erwartet, dass jetzt der Körper schlapp macht, tut ihm nichts Gutes. Eine schlimme Grippe ist kein Vorbote des Alters, Knieschmerzen kein Anfang vom Ende. Zipperlein kommen und gehen – sie alle aufs Alter zu schieben, ist vorauseilend tödlich.

Als meine Mutter 50 wurde, habe ich sie gefragt: Welches war die beste Zeit in deinem Leben? Sie hat lange überlegt, jedenfalls für ihre Verhältnisse, und dann hat sie gesagt: Jedes Lebensalter hatte große Vorteile. Das war gut, dass sie das gesagt hat, denn ich bin nur 20 Jahre jünger als sie, und ich sehe sie immer 20 Jahre vor mir durch die Zeiten gehen – und oft ist es sehr tröstlich. Sie hat mir auch gesagt, dass sie sich mit 38 viel schlapper und kranker fühlte als mit 55. Dass sie jahrelang schmerzende Knie hatte und jetzt mit 74 nicht mehr. Und sie hat mir die Sorge genommen, dass mit jedem Jahr bestimmte Probleme schlimmer werden. Manche kommen, andere gehen. Ein Rücken kann wieder stärker werden, ein Herz stabiler, der Schlaf gleichmäßiger. Älterwerden ist keine Einbahnstraße zum Schlechteren hin. Es gibt Einschnitte und es gibt Talfahrten, es gibt Plateaus und es gibt Aufstiege. Ein Jammertal ist das Altern nur, wenn man es ihm erlaubt. Sagt meine Mutter mit 74. Wie es ihr wohl mit 85 geht, daran will sie heute nicht denken.

Bewegung in der Medizin

Bewegt sein, sich bewegen – das ist, wie Prof. Annelie Keil sagt, das Leben. Das Gegenteil von Tod. Wir wissen es und schätzen Bewegung wie das Leben. Logische Konsequenz:

Wir bewegen uns bewusst, gezielt, wir machen Sport. Na ja, nicht genug vielleicht. Es ist eine Zeitfrage, eine Frage der Prioritäten. Unser Alter ist genau das richtige, die Weichen jetzt neu zu stellen. Ich habe mit dem Sport mit 42 angefangen. Davor war ich ein Bewegungsmuffel, man wollte mir zuerst sogar das Abitur verweigern, wegen meiner Fünf in Sport. Dabei habe ich mich nur geniert, etwas zu tun, vor den Augen der anderen, besonders der Jungs, was ich nicht ganz perfekt konnte. Mir war das nicht klar, ich dachte wie meine Lehrer und meine Eltern, ich bin unsportlich. Vielleicht stimmt das auch.

Aber mit 42 endlich war mir das egal, ich wollte abnehmen und ich wollte gute Laune – und wurde Mitglied in einem Fitnessstudio. Seitdem ist Bewegung ein Bedürfnis wie Zähneputzen.

Forscher geben denen Recht, die sich Zeit für Sport nehmen und das bisschen Anfangsenergie aufbringen, sich vom Sofa hochzurappeln. Bewegung, sagen sie, ist der einzige Jungbrunnen, der wirklich funktioniert. Bisher wurde Bewegung allerdings eher als Prävention gegen altersbedingten Abbau und Krankheiten empfohlen. Jetzt kommt neue Bewegung in die Medizin: Sport hilft sogar Menschen, die schon längst krank sind, sagen Psychiater, Onkologen, Demenzforscher, Orthopäden und Kardiologen. Neueste Studien zeigen, dass dosiertes Training nicht nur eine gute Ergänzung zu Therapien ist, sondern oft sogar besser anschlägt als teure Tabletten und Hightech-Medizin. Dabei können gesundmachende Zellen wachsen, Krankheitsverläufe gestoppt und sogar umgedreht werden – in Richtung Heilung. Dreimal in der Woche körperliche Anstrengung ersetzt zum Beispiel medikamentöse Stimmungsaufheller. Sport senkt das Risiko, Krankheiten zu bekommen. Für Brustkrebs, Dickdarmkrebs, Herz-Kreislauf-Erkrankungen, Schlaganfall, Gedächtnisschwund, Depression, Diabetes, Fettleibigkeit ist das in vielen medizinischen Studien belegt. Es muss nicht Joggen sein, es genügen auch Nordic Walking und schnelles Spazierengehen. Was viele lange davon abhält, Sport in den Alltag einzubauen: sie fürchten, zu wenig Zeit zu haben. Es kursieren Zahlen darüber, wie viel Sport es sein muss, damit er nützt. Ärzte sagen, täglich 30 Minuten moderate Bewegung sei die Minimalanforderung, die Krankheitsrisiken senkt. Abgesehen davon, dass 30 Minuten wirklich nicht viel sind, wenn wir bedenken, wie viel Zeit wir am Telefon verquatschen, wie viel wir vorm Fernseher vertrödeln und wie viel im Bad oder vor dem Kleiderschrank – auch weniger nützt schon eine Menge. Ernährungsexperten, die sich mit dem Kalorienverbrauch beschäftigen, ermutigen: Jede Minute mehr an Bewegung hilft, die Verbrennung anzukurbeln. Jede Treppe, die wir steigen, jeder Meter, den wir zu Fuß zurücklegen, tut uns gut. Das ist doch mal ein Anfang! Mit der Bewegung ist es wie mit der Diät: Letztere sollte keine einseitige Crash-Diät sein, sondern zu einer langfristigen Ernährungsumstellung führen. Und die zarten Gehversuche in Richtung mehr Bewegung sollten eine Änderung unserer Alltagsgewohnheiten zur Folge haben, so dass wir es gar nicht unbedingt so zackig Sport nennen müssen, wenn wir unsere Muskeln mehr gebrauchen und der Gesundheit damit mehr Chancen geben. Man muss die Latte nur niedrig genug hängen, damit man erst mal drüberkommt – und dann die Lust spüren, sich zu steigern. Traurig für alle, die es nie lernen: Über 60 Prozent der 50- bis 59-jährigen Frauen sind weniger als zwei Tage die Woche körperlich aktiv. In ihren Körpern herrscht, so nennen es Experten, Ausnahmezustand. Denn unsere Gene sind Steinzeit-Gene: biologisches Rüstzeug für körperliche Höchstleistungen wie Jagen, Unterkünfte bauen und Nahrungssuche. Optimale Abläufe im Körper finden also statt, wenn er sich jeden Tag bewegt. »Wir altern nicht chronologisch, sondern biologisch«, sagt ein Arzt in einer SPIEGEL-Titelgeschichte über die Heilkraft der Bewegung (5/2006). »Wenn man die Körperfunktionen erhält, dann kann man den biologischen Alterungsprozess überwinden.«

Das lassen wir uns nicht zweimal sagen. Wer lange jung bleiben will – nach der oben genannten Statistik immerhin fast 40 Prozent unserer Jahrgänge –, tut seinem Körper Gutes und benutzt ihn aktiv. Die nächsten Jahre werden also sportliche Jahre, das sind wir uns wert.

Frisches Denken

Bewegung hilft auch dem Gehirn auf die Sprünge. Offenbar entdeckt die Wissenschaft seit einigen Jahren das Älterwerden als lohnende Forschungsaufgabe. Immer mehr Erkenntnisse darüber, wie unsere Lebensweise das Altern schöner machen kann, prasseln auf das interessierte Publikum ein. Man sieht: Der Markt ist da – eine wachsende Zahl gebildeter, anspruchsvoller, leistungsfähiger Nicht-mehr-Junger. Und die Wissenschaft liefert Produkte für diese wertvolle

Klientel. Auch weil die Forscher selbst älter werden und ein eigenes Interesse an ihrem Thema haben.

Das Gehirn galt jahrzehntelang als der Beweis, dass Älterwerden eine Katastrophe ist. Schon im Säuglingsalter, so die lange herrschende Lehrmeinung, hören menschliche Nervenzellen auf, sich zu teilen, das Gehirn könne also sein Leistungsvermögen im besten Fall auf einem bestimmten Niveau halten und entwickle sich dann im Alter meistens zurück. Das sehen Hirnforscher inzwischen radikal anders. Sie haben einen Prozess gefunden, die so genannte Neurogenese, bei dem sich jeden Moment neue Nervenzellen unterm Schädeldach bilden. Und diese Neurogenese hält bis ins hohe Greisenalter an. Das heißt, das Gehirn entwickelt sich ein Leben lang. Einen Haken hat die frohe Botschaft allerdings: Die neuen Nervenzellen werden nur dann aktiv, das heißt, sie wachsen nur dann zu funktionstüchtigen Neuronen heran, wenn sie dazu Anreize bekommen: Lernanreize. Das erklärt, warum es weise Alte gibt, die staunende Junge in Hörsälen mit einem Gedankenfeuerwerk überschütten. Und warum es abgestumpfte Alte gibt, die nichts mehr hinter dem Ofen hervorlocken kann.

Was lernen wir daraus? Die grauen Zellen sind gierig auf Neuigkeiten. Sie lernen nur, wenn der Reiz wirklich neu ist. Geistige Herausforderungen und körperliche Betätigung düngen das Gehirn bestens. Beide Male sind die Reize neu und hoch genug. Das Gute: Neue Nervenzellen sind leichter zu erregen als alte, und sie können ihre Synapsen zu den umliegenden Neuronen schneller verstärken bzw. abschwächen – eine Eigenschaft, die für Lernprozesse wichtig ist. Wer also jetzt eine Fremdsprache lernt, eine neue Sportart beginnt, der pflegt seinen Denkapparat bestens. Schon glauben Forscher, dass sein Gehirn vor Verfallserscheinungen im Alter schützen kann, wer ein körperlich und geistig aktives Leben führt. Unheilbare Krankheiten wie Alzheimer und Parkinson werden neuen Betrachtungen unterzogen: Vielleicht, so ahnt man jetzt, ist die Ursache weniger das Zellensterben als das Ausbleiben der Neurogenese, also der Neubildung von Nervenzellen. Neue Therapiemöglichkeiten wären dann denkbar.

Wer jetzt denkt, er müsse künftig sein Oberstübchen nobelpreisverdächtig trainieren, der kann beruhigt werden: Experten zählen schon Puzzeln, Handarbeit, Kartenspielen, Jonglieren und Lesen zu wertvollen geistigen Aktivitäten, genauso wie den Zoobesuch mit den Enkeln oder Essen gehen mit Freunden. Auf vielfältige Reize kommt es an. Das Gehirn ist nämlich richtig schlau, es erhöht seine Rate für die Neurogenese genau dann, wenn die Wahrscheinlichkeit für neuartige Reize steigt. Also eher nicht beim Fernsehen.

Aber Vorsicht: Nicht übertreiben mit dem Gehirn-Futter. Stress erzeugt genau das Gegenteil, glauben die Forscher. Ein Gehirn, das im Dauerstress ums Überleben kämpft, hat anderes zu tun, als in Zellen für die Zukunft zu investieren.

Das erste Mal – immer wieder

Kenn ich schon, weiß ich schon, hatte ich schon. Nichts macht älter als diese Einstellung. Unsere Sache ist das nicht. Die ewige Rückschau auf Gehabtes und Verlorenes haben wir schon an den Alten vor uns blöd gefunden. Es ist logisch, dass Dinge, die junge Menschen erleben und erlernen, sich anders in ihr Gedächtnis einbrennen als spätere Geschehnisse. Erster Schultag, erster Kuss, erster Job, erstes Kind – es sind oft diese bewegenden Momente, die unsere Einstellungen zum Leben prägen. Irgendwann lassen die magischen ersten Male deutlich nach. Dann schleicht sich das Gefühl ein, alles schon probiert, alles schon gesehen, alles schon geschmeckt zu haben. Und die Neugier schweift unbehaust in uns herum: What's new? Wer sich jetzt gähnend zurücklehnt und glaubt, die besten Jahre sind vorbei, hört alsbald die Zeitbombe ticken. Wenn das Leben nicht mehr lockt, verlässt es uns, erst ganz langsam, dann immer schneller. Irgendeine Krankheit wird sich finden, wird bestätigen, dass dieses nicht mehr lohnt, jenes nicht mehr zu schaffen ist. Endzeitstimmung, die krank macht. Falsch. Wir würden nicht so lange leben, wenn es nicht einen Sinn hätte. Der ändert sich wohl mit der Zeit. Und wir müssen uns mitändern und nicht mit verdrehtem Hals rückwärts schauen auf das, was vorbei und verloren ist, sondern vorwärts auf das, was kommt und zu gewinnen ist.

Die Frage ist: Was kann ich mit 50 zum ersten Mal tun? Bungee-Jumping oder Fallschirm-Springen ist nicht jedermanns Sache. Aber sicher rühren diese Versuche, sich einen Kick zu verschaffen, daher, etwas Neues fühlen zu wollen. Grenzen ausdehnen ist immer eine gute Idee, um die seelische und geistige Frische zu erhalten. Kleinkinder tun das jeden Tag und tapsen strahlend durch eine spannende Welt. Für immer ein bisschen Kind zu bleiben, ist gesund. Es gibt einen Begriff dafür, dass eine gewisse Kindlichkeit erhalten bleibt: Neotonie. Deswegen spielen wir, schmollen wir, staunen wir, egal, wie alt wir sind. Wem diese Eigenschaft, die auch etwas mit positiver Naivität zu tun hat, ins Gesicht geschrieben steht, der sieht lange jünger aus.

Abgeklärtheit ist demnach nur in Grenzen gut – und zwar genau da, wo sie uns die wunderbare Sicherheit gibt, den Dingen gewachsen zu sein. Sie ist es, die uns noch nach 30 oder 40 Jahren stark macht. Tausend Mal berührt – und wir wissen einfach, wie's geht. Aber wir vergessen nie: Beim tausendundersten Mal kann etwas anderes passieren. Dann schreien wir nicht empört: Gilt nicht, gibt's nicht, kennen wir nicht. Sondern freuen uns: Alles fließt. Auch in unserem Leben.

Ich höre oft von zwanzig Jahre Älteren: Schrecklich, diese Zeit. Alles dreht sich nur noch ums Geld, so viel Kälte und Elend in der Welt, ach, ich hab gar keine Lust mehr, das alles mit anzusehen. Ich frage mich: Wie kommen sie nur auf diese Idee? Als sie jung waren, gab's die Nazis in diesem Land, gab es einen Weltkrieg, haben sie Kartoffelschalen gekocht und Löcher in die Schuhe geschnitten, damit sie passten. Es ging auch schon immer ums Geld – zum Beispiel bei diesem letzten Weltkrieg, der von unserem Boden ausging, und es gab immer Elend und Unrecht in der Welt. Der Hang, Vergangenes zu verklären, hängt einzig damit zusammen, dass Menschen ihre Jugend verklären, weil sie sie vermissen. Es gibt sogar Leute, die ihre Zeit in einem KZ oder Kriegsgefangenenlager im Nachhinein romantisieren – nur, weil sie damals eben jung waren!

Der verklärende Blick führt zu einer schiefen Sicht aufs Leben heute. Viele Alte übertragen ihr Unbehagen angesichts der eigenen Vergänglichkeit auf die Welt. Die sieht einfach nicht mehr so verheißungsvoll aus, wenn das eigene Vergehen spürbar wird. Der Verlust an Lebensfreude wird nach außen verlagert. Da draußen ist es kalt, wenn ich innerlich friere. Wir können es anders machen als unreflektierte Generationen vor uns. Sie hatten keine Zeit und keinen Impuls, ihre Gedanken und Gefühle zu analysieren. Ihre Welt war gottgegeben, ihr Freiheitsradius war klein, ihr Leben war Schicksal. So kann man alt werden, ohne sich selbst und andere zu verstehen.

Wir haben verstanden, wie Individuum und Gesellschaft zusammenhängen, deswegen hat unsere Generation aufbegehrt. Wir haben uns den Luxus erlaubt, in uns hineinzuhorchen. Nicht, um die Zipperlein zu erahnen, die da lauern, sondern um unsere Glücks-Chancen zu maximieren. Verantwortung für sich selbst ist eine Erfindung unserer Zeit.

Wir können uns den Veränderungen unseres Körpers stellen, sie akzeptieren, uns drüber wundern und uns wie interessante Versuchstiere selbst beobachten – aber wir müssen für Rückenschmerzen nicht die Welt verantwortlich machen und dazu noch grämliche Mundwinkel ausbilden. Wer sich von der Welt abwendet, von dem wird sich die Welt abwenden. Das macht Altsein unerträglich. Wir gehen nicht diesen Weg der Alten vor uns, die neue Zeiten verteufeln und nicht verstehen wollen. Wir waren kritisch in der Jugend, wir sind auch heute kritisch. Wir wissen, was wir alles nicht wissen und was noch immer unlösbar scheint. Es gibt Kriege und es ist kalt da draußen. Aber wir sind nicht beleidigt, weil die Aufgaben immer noch nicht gelöst sind. Wo wir stehen, können wir ein bisschen für Wärme sorgen und uns selbst gleich mitwärmen. Wir kennen unsere Möglichkeiten und unsere Grenzen. Und wir gehen bewusst mit dem eigenen Leben um, das der Welt eine Menge zu geben hat – solange wir es wollen. Wir pflegen Austausch mit anderen, auch den Jungen. Ihnen in den Ohren liegen, dass wir es mal besser machen wollten, aber nur einen Teil der Ziele erreicht haben – das bringt keinem was. Es lässt uns einfach nur alt aussehen.

Lieber suchen wir immer mal wieder ein erstes Mal – das bringt uns zu unseren Wurzeln, dahin, wo alles begann, mit dem ersten Schrei, der ersten Muttermilch, dem ersten Schritt. Diese zauberhaften Momente wirken mit, wenn wir mit 50 irgendein erstes Mal erleben. Was das sein könnte? Es gibt unendlich viele Möglichkeiten! Das Enkelkind, die Reise nach China, die Affäre mit einem Jüngeren, das erste eigene Aquarell, der Job als Selbstständige, eine Wanderung ganz allein, eine neue Sportart, Zeit genug für den Louvre, der Kochkurs in der Provence, Bildhauern in Griechenland. Unser Alter ist die ideale Zeit, Träumen eine ernsthafte Chance einzuräumen. Da all die ersten Male, die jeder Mensch erlebt, langst abgehakt sind, kommen wir nun zum Eigentlichen: zu den ersten Malen, die nur für uns zählen. Wer das schafft, erlahmt nicht im Glauben an das Leben, gibt sich immer wieder eine Chance und bleibt innerlich und äußerlich lebendig – und tut damit das Beste für seine Gesundheit.

Familie: Nie war sie wichtiger

»Ich bin nicht immer für meine Kinder da. Wenn ich fort bin, bin ich fort. Ich halte nichts vom Sichaufopfern.«

Catherine Denueve

Unsere Familie ist groß

Von der Renaissance der Familie ist seit einiger Zeit die Rede. Das würde voraussetzen, dass Familie schon einmal out war. Das stimmt so nicht. Familie hat sich verändert, aber tot war sie nie. Unsere Generation hatte sich einst von alten Familienstrukturen abgewandt, wir wollten nicht tun, was sich gehört, was erwartet wurde – damit haben wir unsere Familien möglicherweise brüskiert. Unwichtig war Familie aber nie. Nur hatten wir vor, *neue* Familien zu gründen, mit eigenen Regeln, auch mit weniger Regeln. Wollten Kind und Mann und Job und unseren Freiraum. Was dabei herausgekommen ist, weiß niemand besser als wir selbst – ein großes Experiment, mit vielen Schmerzen und vielen Freuden. Mit uns wurde die Patchwork-Familie populär, Ergebnis der ebenso neu erfundenen seriellen Monogamie. Familie wurde erweitert, der Kreis gelockert, es war möglich, in Familien einzutreten und wieder auszutreten. Verbindlichkeit war untergraben, lebenslang gilt heute nur noch für die Verbindung mit unseren Kindern. Aber wir mussten erst lernen, wie das geht, Liebesbeziehung und Elternschaft zu trennen. Gemeinsam Eltern bleiben, wenn die Liebe vorbei ist – ein Kunststück, das viele von uns zu vollbringen hatten. Wie es geht, wussten wir anfangs nicht. Heute steht es in jedem Elternratgeber. Junge Mütter heute wissen, dass sie vielleicht einmal mit einem anderen Mann das Kind großziehen werden, dass sie es vielleicht auch eine Weile allein erziehen müssen. Wir waren Pioniere auf diesem Gebiet – und es war wichtig, alle diese Wege zu erkunden. Aber wir hatten wie niemand vor uns mit dem schlechten Gewissen zu kämpfen, keine Bilderbuch-Familie zu sein. Denn als Mütter wollten wir Heilige sein, wie ein kitschiges, unehrliches, nie realisiertes Mutterbild uns weiter vorgaukelte, obwohl wir als Frauen anfingen, ganz unheilig zu leben. Dieses Auseinanderdriften von Mythen und Realität hat jede von uns in ihre eigenen Krisen gestürzt, jede musste ihren Ausweg finden. Die einen erklärten ihre Kinder zu ihrer ureigenen Sache, unabhängig davon, wer gerade ihr Liebster war. Die anderen arbeiteten sich in einer Ehe ab, versuchten, dem Mann, den sie genug geliebt hatten, um von ihm Mutter zu werden, millimeterweise Boden abzuringen. Boden, auf dem sie ihren Freiraum ansiedeln wollten. Es ist ein offener Streit ohne klaren Ausgang, welcher Weg unseren Kindern mehr geschadet hat: eine mehr oder weniger schlechte Ehe oder mehr oder weniger häufiger Partnerwechsel der Mutter.

Glück mit den Kindern

Wie auch immer wir die Mutter-Konflikte gelöst haben: Es ist geschafft. Die Kinder sind groß. Und sie sind ziemlich klasse. Manche machen uns Vorwürfe oder Liebeserklärungen – oft beides abwechselnd. Manche sind gestrauchelt. Manche interessieren sich nicht mehr für uns. Das tut weh, aber es ist nicht unsere Schuld! Irgendwo habe ich einen Gedanken gelesen, der mich befreit hat. Er ist so simpel, aber kaum jemand denkt so geradeaus: Man macht genau denen Vorwürfe, die immer da waren, den Müttern, und niemand denkt über die Probleme nach, die die Abwesenden verursacht haben – die Väter. Ich war da, also habe ich Fehler gemacht. Er war der Besuchsvater, da hatte er ein Sonntagsgesicht und keine Schuld an gar nichts. Wer Pech hatte, musste sich und seine Erziehungsergebnisse nach den Wochenendbesuchen beim Vater noch zensieren lassen: Das Kind hat eingepinkelt! Na, weißt du! Es schmeißt mit Schuhen und isst nicht, was auf den Tisch kommt. Da wusste man wieder, warum *dieser* Mann bei uns nicht mehr mit am Tisch sitzt ... So weit die Geschichte der Alleinerziehenden.

Von uns waren so viele allein erziehend wie noch nie, und wir haben darauf bestanden, dass das moralisch in Ordnung geht. Nun redet man vom Gebärstreik der jungen Frauen und vom Zeugungsstreik der jungen Männer. Weil alles so kompliziert geworden ist, weil ihre Ansprüche an sich selbst und die perfekte Familie gigantisch sind. Wir haben Kitas gegründet, Babys mit in den Hörsaal genommen und gestrickt, haben versucht, Erziehung auch in andere Hände zu geben als nur die mütterlichen. Und jetzt, da jede Art von Lebensplan akzeptiert ist, die Gesellschaft Familien mit Kindern aber keine Hilfe leistet, herrscht große Verwirrung und der Vorwurf an uns, wir hätten die Familie abgeschafft. Oder zumindest verraten.

Das ist Unfug. Unsere Familie ist uns heilig und sie ist zugleich unheilig. Wir lieben sie wie nichts anderes auf der Welt. Und sie geht uns auch auf die Nerven wie sonst keiner. Gut, wenn wir beides zugeben können und gelassen sind. Familie kann nie perfekt sein. Familie ist eine Katastrophe und ein Glück.

Spätestens, wenn die Kinder aus dem Haus sind, wird Bilanz gezogen. Was ist aus ihnen geworden? Und in die Bilanz schleichen sich dramatische Rechenfehler ein. Da schlagen sich Mütter auf die Schulter und sagen: Das habe ich toll gemacht. Aber die allermeisten, die man so kennt, quälen sich mit der Frage: Was habe ich nur falsch gemacht? Weil die Kids nicht nach Plan gediehen sind, weil sie kiffen, im Studium bummeln, keine feste Beziehung eingehen, nicht wissen, was sie werden wollen. Da haben uns die alten Mütterbilder, vor denen wir einst weggerannt sind, wieder eingeholt: Die Mutter, das omnipotente Wesen, das seine Kinder wie Marionetten an Fäden durchs Leben lenkt.

Wir wissen, dass es nicht so ist, dass Kinder zu großen Anteilen genetisch vorgeprägt sind, dass gesellschaftliche Faktoren auf sie einwirken, dass Mütter eigentlich nur eins können: da sein (wenn sie da sind), Grenzen setzen und lieb haben. Das haben wir getan, aus den allerbesten Motiven. Und das Ergebnis erklärt sich aus vielen Einflüssen.

Alle Mütter erwachsener Kinder wünschen sich ein gutes Verhältnis zu ihren Großen. Was ist ein gutes Verhältnis? Wenn es einen Austausch gibt zwischen den Generationen, wenn wir von ihnen lernen können und wollen, wenn sie uns zuhören, ohne sich zu langweilen, wenn sie an uns denken und uns teilnehmen lassen an den ihnen wichtigen Dingen.

Ich kenne Mütter, die dieses Glück nicht haben. Es tut ihnen unglaublich weh. Eine Tochter wendet sich ab, wirft ihrer Mutter Lieblosigkeit vor. Die Mutter weint und beteuert: Ich war eine liebevolle Mutter. Sie scheut sich zu akzeptieren: Die Tochter hat einen Grund, so zu empfinden. Vielleicht könnte sie ihr zuhören und verstehen, was die junge Frau vermisst hat, als sie klein war. Und was sie heute vermisst. Vielleicht könnte sie ihr erklären, was damals los war in ihrem Leben, in der Familie, im Beruf, in der Partnerschaft mit dem Vater. Aber dieses Gespräch hat bisher nicht stattgefunden. Es gibt nur Vorwürfe. Und Schmerz auf beiden Seiten. Ein Familiendrama. Es gab immer Familiendramen. Und es ist eine Aufgabe im Älterwerden, die eigenen Dramen zu verstehen.

Keine unantastbaren Autoritäten

Wir sind unseren erwachsenen Kindern in vielem ähnlich, wir können ihre Musik hören, ohne dass uns die Haare zu Berge stehen, können von ihnen lernen, uns von ihnen beraten lassen. Wir können Jeans tragen, die sie gut finden, zum Fitnesstraining gehen und uns gut fühlen in einem gut erhaltenen Körper. Wir können den Enkeln unsere Rock-'n'-Roll-Platten vorspielen, wenn sie alt genug sind. Das macht unsere neue Stellung zu unseren erwachsenen Kindern aus: Wir sind die Generation, die sich nicht kollektiv zu schämen braucht. Unser Einwirken hat die Welt freundlicher, offener und lockerer gemacht. Das heißt nicht, dass wir alles richtig gemacht haben. Aber wir haben keinen Krieg angezettelt, wir haben keine Minderheiten gequält. Wir haben Fragen gestellt, auf die unsere Eltern ungern geantwortet haben. In der Folge haben wir die Gesellschaft verändert. Wir haben Drill und Züchtigung abgeschafft, haben anerkannt, dass Kinder eigenständige Wesen mit eigenen Rechten sind – dabei haben wir manchmal übertrieben und die so genannte antiautoritäre Erziehung geprobt, die gar keine Erziehung war. Aber wir lassen uns kritisieren. Wir sind umgängliche Autoritäten, die keinen gesteigerten Wert auf Autorität legen. Da sollten es unsere Kinder leicht mit uns haben. Und wir mit ihnen.

Und das haben wir auch. Trotz aller Fragezeichen und Probleme. Wir haben es leichter mit den Kindern, weil wir besser gelernt haben, mit ihnen zu kommunizieren als unsere Eltern mit uns. Ihre Sprachlosigkeit und ihre Angewohnheit, sich als geltende Macht zu zeigen, hat in uns das Bedürfnis nach Aussprache geweckt. Mehr als die Älteren vor uns wollen wir wissen, was unsere Kids denken, fühlen, planen und tun. Sofern wir sie nicht mit aufgeregter Ausfragerei belästigen, tut ihnen das gut – sie wissen sich geschätzt und genießen unser Interesse, genau wie unsere Zurückhaltung. So weit geht es unseren Familien heute besser als den Vorgängermodellen.

Familien sind selbstverständlich immer weiter der Ort, an dem die größte Verletzlichkeit herrscht und wo demzufolge auch die größten Verletzungen stattfinden. Wie gefährlich und gefährdet die Familie ist, zeigt die Tatsache, dass sie der häufigste Tatort für Morde ist. Da, wo sich Menschen besonders nahe kommen, gibt es immer die tiefsten Abgründe. Und auch die höchsten Freuden.

Jenseits der pathologischen Befunde à la Hitchcock kann Familie heute besser wärmen als je zuvor. Warum? Weil sie offener, lockerer, auch brüchiger geworden ist. Ein nur scheinbares Paradox. Denn Familie hat kein starres Machtgefüge mehr, in dem harte Regeln gelten, wo Großvater und Vater regieren, auch wenn der eine schon völlig senil ist und die Ansichten des anderen durch die Weltgeschichte widerlegt sind. Wenn Familie also durch die 68er-Umwälzungen, durch Frauenemanzipation und hohe Scheidungsraten einen Hauch Freiwilligkeit bekommen hat, dann ist ihre bloße Existenz so wertvoll wie nie. Wenn es sich nicht nur »gehört«, die Mutter sonntags zum Kaffee zu besuchen, sondern es ein Bedürfnis ist, dann ist der familiäre Sonntagskaffee endlich das, was er immer schon sein sollte: ein Vergnügen für alle Beteiligten.

Wer seine Kinder in wechselnden Ehen aufgezogen hat, unterbrochen von allein erziehenden Phasen, so wie ich, der kann nicht erwarten, dass sie sich nun an die Etikette halten. Vorteil der verbreiteten Regellosigkeit: Jeder Anruf, jede Zuwendung, die sie mir zukommen lassen, wärmt mich und zeigt mir: Sie haben mich lieb. Egal wie viele Fehler ich gemacht habe. Und ich habe Fehler gemacht, nicht weniger als alle anderen, wahrscheinlich eher mehr.

Gedanken einer Rabenmutter

Als der Krimi zu Ende war, wurde ich richtig wütend. Da sagte die jugendliche Doppelmörderin: »Es gibt immer ein paar gescheite Psychologen, die die Hintergründe einer solchen Tat deuten können. Wiedersehen, Mama.« Ich notierte mir den Satz, irgendwann würde ich etwas mit ihm anfangen.

Mama also, kochte es in mir. Mama ist schuld. Mama war in dem Fall zu glatt und zu erfolgsorientiert. Und nun hat sie eine Mörderin zur Tochter. Die Zuschauergefühle sind auf Seiten der Täterin, der Abscheu des Publikums richtet sich gegen die Mutter. Eine emotionale Versagerin. Muss jemand morden, weil er eine untalentierte Mutter hat?

Ein paar Tage danach: Flugzeugentführung, ein verwirrter Mensch, unverarbeitete Liebe, in den Nachrichten das bekümmerte Gesicht der Mutter: »Wissen Sie, er war so sensibel, ich habe ihn wohl zu sehr behütet.« Deshalb entführt einer ein Flugzeug? Ich stutze, warum sammeln sich in meinem Kopf diese Beispiele? Es sind noch mehr.

Der Erfurter Amok-Schütze, der Schüler und Lehrer erschoss: Alles spekulierte, was in seinem Kinderzimmer los war.

Spektakuläre Bluttat Jugendlicher: Ein toter Junge in der Jauchegrube, sinnlos, der Sinn wird in emotionaler Verwahrlosung gefunden. Der nächste Gedanke gilt der Mutter. Das ist es, was mich trifft.

Weil ich auch Mutter bin, nein, nicht von Kriminellen, Versagern. Von ganz normalen, mehr oder weniger normalen – was ist normal? – jungen Menschen. Tochter und

Sohn. Mitte und Ende zwanzig. Schöne Kinder, gute Kinder. Ganz anders, als ich sie mir früher mal vorgestellt hatte, ganz sie selbst, voller Hoffnungen, voller Probleme. Passen in die Welt. Auf ihre Weise. Hört man den Stolz, die Bewunderung? Und klingt der Schmerz durch? Die Schuld? All das ist da im Muttergefühl. Stolz und Schuld, immer zugleich. Ein schmerzhaftes Gebräu. Als ob der Stolz ohne die Schuld nicht zu haben ist. Ich denke nach, warum es so ist. Warum der unlösbare Zusammenhang widerstreitender Gefühle? Warum tut Muttersein weh? Mir jedenfalls, und ich kenne viele andere, denen es so geht.

»Du hast mich doch so gemacht. Ich bin doch nicht so auf die Welt gekommen!« Hilfloser Schrei in einem hysterischen Mutter-Tochter-Streit. Er blieb unter der Zimmerdecke hängen und senkte sich auf mich herab, als es wieder ruhig war. Habe ich meine Kinder »so« gemacht? Was ist wirklich mein Einfluss als Mutter? Das ist hundertfach untersucht, und die Mütter entlastende Lobby unter den Wissenschaftlern wächst seit Jahren. Ich habe es nachgelesen: Ich muss mich nicht schuldig fühlen an ihren Problemen. Zweiundsiebzig Störungen der kindlichen Psyche, so fand die Psychologin Ursula Nuber, werden von Therapeuten den Müttern angelastet. Von Schizophrenie bis Transsexualität. Falsch, sagt dazu Autor Rolf Degen in einem Lexikon der Psycho-Irrtümer. Wissenschaftliche Belege für die Allmacht der Erziehung fehlen auf der ganzen Linie. Fazit: »Wie immer Kinder sich entwickeln, Eltern können nichts dafür.« Trotzdem. Logik kann beunruhigende Gedanken bändigen. Gefühle sind gegen Wissenschaft resistent.

»Kannst du dich nicht damit abfinden, dass dein Einfluss

begrenzt ist, dass deine Kinder immer auch eigene Entscheidungen treffen?« Das sagt meine Freundin Conny und verweist auf Camus und Rousseau. Ach, Conny, ja, mein Einfluss ist begrenzt, und sie haben ihre Entscheidungen selbst getroffen, sogar als Säuglinge schon, ob sie gewinnend lächelten oder abweisend und scheu waren. Das ist Neugeborenen in die Wiege gelegt. Aber das zu wissen, hilft nicht wirklich. Als meine Kinder zur Welt kamen, da wurde ich auch neu geboren, nur: Ich wusste es nicht. Ich habe versucht, weiterzumachen wie zuvor, nur eben mit Kindern. Heute scheint es mir leichtfertig. Damals war ich Anfang zwanzig.

Ich möchte mich nicht zur Mutter haben. (Ich möchte auch meine Mutter nicht zur Mutter haben. Es ist ungerecht. Jede Mutter zieht Ungerechtigkeit auf sich.) Ich mache mir Vorwürfe, das ist besser, als Vorwürfe anderer anzunehmen. Aber die kommen immer dazu, und selten wehrt man sich, schmettert sie zurück, verteidigt sich. Was kann man Müttern nicht alles vorwerfen: zu wenig und zu viel Liebe. Welches Maß gilt? Kühles Desinteresse oder überbehütendes Klammern? Wo ist die Scheidewand? Egoismus oder Opferhaltung? Was ist schlimmer? Starre Regeln oder antiautoritäres Chaos? Alles falsch, alles schädlich. Zu viel Harmonie macht Kinder weltfremd, zu viel Streit macht sie bindungsscheu. Schlau, schlau sind diese Theorien. Und jede geeignet als Stein auf Mütterherzen. Muttersein – das Feld massenhaften Scheiterns guter, starker, wohlmeinender Frauen.

Es gab eine Kinderärztin, deren Blick mich traf, als ich sagte, nein, der Termin passt nicht, da bin ich beruflich unterwegs. Erstaunt guckte sie, und augenblicklich war eine Kluft da zwischen guter Frau und schlechter. »Sie sind beruflich unterwegs, wenn es um die Gesundheit Ihres Kindes geht?« Ja, piepse ich, schäme mich, ich kann es nicht ändern.

Meine Vorwürfe an mich: Ich war nicht dabei, als mein Mädchen sich den Kiefer am Fahrrad aufgeschlagen hat, ich blieb nicht ruhig, als dem Jungen das Einmaleins nicht einging. Wir sind zu oft umgezogen, ich hatte verschiedene Freunde statt des Original-Papas. Ich liebte meinen Beruf. Er war mir zeitweise das Wichtigste. Ich habe sie ja ernährt, die Kinder, aus meinem Portemonnaie, aber das war nicht der wahre Grund, das wäre eine oberflächliche Ausrede.

Ich wusste nicht, dass es vermutlich Sünde ist, seinen Beruf, wenn man Kinder in die Welt geworfen hat, trotzdem zu lieben – ich lebte früher in der DDR, im Land der Vollbeschäftigung auch für Frauen – vor meinem Gewissen gilt das nicht. Der Zug der Lemminge, Krippe schon nach dem ersten Lebensjahr. Von der Berufung der Frau zur Mutter, wie die Reformation sie meinte, wusste ich nichts. Auch vom Mythos der deutschen Mutter der Nazis hielt ich nichts. Ich hätte Berufung und Mythos auch frauenfeindlich gefunden. Das finde ich immer noch. Ich wollte alles richtig machen: jenseits der Ideologien. Tränen runterschlucken im Bus auf dem Weg zur Arbeit, nach dem Abschied in der Kinderkrippe, acht Stunden kämpferische Kollegin sein, stolz auf Leistung, den Rang im Team, und abends schlaff bei den Kleinen, obwohl sie doch Riesenerwartungen hatten.

Ich möchte noch mal nach Hause kommen und ihnen ihr Lieblingsessen machen und nicht das, was gerade im Kühlschrank ist. Ich möchte die liebste Mutter der Welt sein – aber ich kann nicht. Ich kann keine andere sein, meine Schwächen nicht ausblenden, meine Bedürfnisse nicht leugnen.

Wenn die Kinder groß sind, gehört zum Stolz das Bedauern. Nie wieder werde ich ihren Teddy waschen, nie ihren ersten Linolschnitt bewundern. Ihre ersten Schritte begrüßen, ich habe sie nicht auf Video, sie waren mir nicht heilig genug! Ich hatte auch keine Kamera. Ausrede, gilt nicht. Ist das der Grund, weshalb alle so verrückte Großeltern sind? Weil sie hinterher die magischen Punkte im Leben der Kleinen kennen und nicht noch einmal versäumen wollen?

Eines Tages konnten sie laufen, reden, schwimmen, Rad fahren, einfach so! Toll, habe ich gesagt, kurz aufgeblickt und weitergelesen. So war es, so ungefähr. Ich habe es nicht besser gewusst, nein, auch diese Ausrede zieht nicht. Mein Herz weiß es ja heute, wenn ich sie ansehe, junge Erwachsene, dann sehe ich ihre alltäglichen Schwierigkeiten und ziehe automatisch den Bogen der Erklärung bis in ihr erstes Kinderzimmer. Eine rote Holzwiege, eine blaue Kommode, Körbe mit Kuscheltieren. Und ich? Wo war ich? Am Telefon, in der Küche, auf Dienstreise. Ich war auch manchmal da, habe Post gespielt und Schneeflocken auf Tannenbäume gemalt, Faschingskostüme gebastelt, Pfefferkuchenmänner gebacken. Schwerer als Reden auf Konferenzen halten. Damals konnte ich mir nicht vorstellen, dass es jemals aufhört, das Füttern, Windeln, zur Schule bringen, Tränen trocknen, am Bettchen sitzen, Fieber messen. Es hat aufgehört und zwar schneller, als ich dachte. Und ich würde es gern noch einmal tun, besser, wärmer, geduldiger – aber es gibt keine zweite Chance in diesem Fall.

Ich erinnere mich an Stress, Hektik, Mangel. Neue Schuhe? Oh Gott, wann, wo? Elternabend? Muss das sein, der Geruch der Krippe, die betulichen Mamas ... Kindergeburtstag wurde übertrieben, mit Etagentorte und Dekoration der ganzen Wohnung und vielen Preisen für die Gäste, weil man ja was auszugleichen hatte für das ganze Jahr. Man hatte immer was gutzumachen, Weihnachten mit dutzenden Paketen, mühsam rangeschafft, in Ausgaben gestürzt, neuer Stress. Und dann waren die Kleinen trotz alledem unzufrieden. Nein, sie waren nicht unbescheiden, sie brauchten wahrscheinlich etwas ganz anderes als Geschenke. Ich habe es nicht gemerkt, wollte es nicht merken, sie konnten es nicht sagen. Sie konnten maulen, quengeln, kaputtmachen, verbummeln, einnässen. Und ich? Was brauchte ich? Vermutlich Ruhe, Hilfe, Verständnis. Selbst das wusste ich nicht, als die Kinder klein waren.

Sie waren kleine Biester, wie sie jetzt selbst staunend sagen. Und beichten mir lachend ihre kleinen geheimen Gemeinheiten jener Zeit. Was ich alles nicht wusste!

Die Zeit der täglichen Fürsorge ist vorbei, die Zeit meiner Verantwortung ist vorbei. Die Zeit der Schuld nicht. Das beschämende Gefühl der Unzulänglichkeit brennt auf kleiner Flamme weiter, bis es wieder einen neuen Beweis gibt. Beweise der Anklage. Liebeskummer. Lehrstelle verloren. Gasrechnung nicht bezahlt. Betrunken gewesen. Handy verloren. Haschisch geraucht. Jeder Beinbruch ein Feedback für meinen verpatzten Job als Mutter. Und wenn es an die

Existenz geht, das halbwüchsige Kind im Krankenhaus, die Diagnose gefährlich, dann weiß man erst, was Liebeskummer ist. Männer haben damit nichts zu tun.

Was habe ich vorgelebt? Was alles versäumt? »Es ist ihre Entscheidung, ihr Weg«, sagt meine Freundin Sabine, wenn Kinder das Abi schmeißen, rumhängen, Chancen verpassen, sie hat gut reden. Ihre Söhne sind durch Kindheit und Jugend gekommen wie das Messer durch die Butter. Ihr Mann war da, bis die Kinder groß waren, und sie hat nur phasenweise gearbeitet. Auch deswegen hat sie wohl heute keinen besonders spannenden Job.

Solche Vergleiche helfen nicht gegen eigenes Verschulden. Es wird immer wieder gesagt, es sei unmöglich, zwei Kinder allein großzuziehen, ohne Fehler zu machen. Weil es nicht möglich ist, Vater und Mutter zugleich zu sein. Klar. Man müsste sich selbst widersprechen, den strengen und den liebevollen Part in einer Person darstellen. Kein Trost.

Ich weiß, es sind auch die Gene, die Wege lenken: Temperament, Leistungsbereitschaft, Talente, Antriebe – sie sind nachweislich in den Genen festgeschrieben. Einen Erbeinfluss von bis zu 70 Prozent machen Genforscher in der Persönlichkeit aus. Als Mutter kannst du demnach nur den Rahmen bieten, in dem die Persönlichkeit sich entfaltet. Und? Was besagt das? Man findet, was man sucht.

Ich war schließlich die Mutter, und ich war nicht mit meinem dicken Bauch in der Nationalgalerie und auch nicht in der Philharmonie. Was Profis alles raten: Rituale helfen Kindern, sich eine Struktur zu geben, starkes Selbstbewusstsein schützt gegen Suchtgefahr, gute Elternbeziehung macht bindungsfähig. Aber unser Zuhause war keine Gruppentherapie. Da war *mein* Leben. Mein schönes, schweres, wechselvolles Leben. Und in das hinein sind zwei kleine Menschen gekommen, und ich habe sie, so gut ich konnte, daran teilnehmen lassen. Mehr habe ich nicht getan. Zu wenig. Zu wenig?

Noch lassen sie keine Nestbautendenz erkennen, kein konkreter Kinderwunsch, ich habe Angst, ob sie das eines Tages können: Verantwortung für andere übernehmen. Konnte ich es denn? Ich hatte in Wahrheit immer Angst. Dass sie etwas nicht können. Kindergartenkämpfe, Schulleistungen, Pubertät, Berufswahl. Immer schwierig. Weil ich immer fühlte: Als Mutter bin ich nicht so gut, wie ich sein sollte. Was ich mir nicht zugetraut habe, das habe ich ihnen als Last aufgeladen. Sich selbst erfüllende Prophezeiungen. Meine Angst war bei ihnen statt meiner Kraft. War es so? Sehe ich zu schwarz? »Aber sieh doch, was du gut gemacht hast«, sagt meine Mutter und möchte das gern selbst gesagt bekommen. »Was sie alles können und wissen und wie musisch und empfindsam sie sind gegen Ungerechtigkeit und Umweltzerstörung.« Das weiß ich. Ich bin stolz auf sie, aber nicht auf mich.

Wo kommt dieses schlechte Müttergewissen her? Es gibt viele Erklärungen. Der Muttermythos, von dem wir uns nicht ganz befreit haben, weder wir emanzipierten Frauen noch die Gesellschaft, die viele Gründe hat, Frauen die Flügel zu stutzen. Der Drang nach Perfektion, der Frauen immer noch innewohnt, gerade wenn sie die alten Hauptstraßen verlassen. Der mütterliche Machtanspruch im Kinderzimmer, der den Vater an den Rand drängt und uns vorgaukelt, wenigstens hier die Nummer eins zu sein. Ansprüche, Erwartungen, Allmachtsfantasien. Oder ist es einfach die große Liebe, die mit den Kindern geboren wurde und der ich verpflichtet bin – über meine Grenzen hinaus? Die Erfahrung, dass wir nicht so gut sein können, wie wir wollen, ist die schwerste Enttäuschung, die wir uns selbst bereiten. Alle Mütter kennen das. Und schämen sich. Wie verflucht ungerecht. Aber mir fällt auch nichts ein als: es aushalten und sich ab und zu vorsagen, was trotzdem gut war. Und zusehen, wie sie ihre Kreise ziehen, unsere wunderbaren Kinder.

Weg mit dem schlechten Gewissen

Dass Mütter zu schlechtem Gewissen neigen, das gibt es erst, seit sie gezwungen sind, die so genannte Wahlfreiheit zu genießen. Jene, die vor uns ganz fraglos als Hausfrau und Mutter gedient haben, haben *anderen* ein schlechtes Gewissen gemacht. Als Opfer. Bezeichnenderweise haben sie diese Gefühle nicht an die Männer weitergegeben, sondern an die Kinder. Wir gehen anders vor. Wir sagen uns: Als Mutter war ich nicht perfekt und im Job auch nicht. Das stimmt vermutlich. Aber wir können uns das einmal ganz tief klarmachen und dann Schluss mit der Selbstzerfleischung. Wer sich selbst erniedrigt, wird zur Last für andere. Die sollen ihn dann aufrichten. Gute Mütter sind aber nicht die, die sich aufopfern und zum Schluss tief unglücklich zusammensacken. Gute Mütter sind die, die auch für sich selbst sorgen. Vorsichtshalber haben wir nicht darauf gewartet, dass ein Prinz uns erweckt und ein Schloss für uns baut. Frauen aus Ufa-Filmen waren amüsant, aber zum Leben zu dämlich. Wir haben uns alles selbst versprochen und das Versprechen selbst realisiert, so gut es eben ging. So konnten wir abgeben, Kraft und Energie und gute Laune für unsere Familie. So war es. Und so ist es immer noch. Wer sich daran hält, selbst auf sich achtet, wird nicht so bald die lästige Alte werden, an die man sich vorzugsweise zum Valentinstag und zum Muttertag erinnert.

Beruf oder Familie. Beruf und Familie. Diese Fragen standen zur Entscheidung an, als man sich noch gar keine Vorstellung davon machen konnte, was das eine oder andere für Folgen haben würde. Das ist keine Entschuldigung für die höchst unvollkommene Art, wie emanzipierte Frauen Kinder großgezogen und sich beruflich entwickelt haben. Es ist nur die Erklärung dafür, dass nichts von dem, was uns so wichtig war, perfekt gelungen ist.

Na und? Ist es nicht gut genug, wie wir es gemacht haben? Wo ist der Maßstab? Jede E-Mail meines Sohnes, jeder Anruf meiner Tochter beweist mir: Unser Zusammenhalt ist immer nur gewachsen. Sie brauchen mich noch. Aber nicht mehr so wie früher.

Endlich muss ich nicht mehr früh aufstehen, nur, weil sie es müssen. Endlich muss ich nicht mehr die Türen zu ihren Zimmern geschlossen halten, weil die Unordnung mich wahnsinnig machen würde. Sie wohnen in eigenen Wohnungen. Und es ist ihre Sache, wie es da aussieht. Endlich bezahle ich nicht mehr ihre Handy-Rechnungen oder auch Mieten, wenn das Geld alle ist.

Es war schwer, Nein zu sagen, das kann ich allen bestätigen, die sich das noch nicht getraut haben. Es ist deswegen schwer, weil wir befürchten, sie brauchen uns nicht mehr, wenn wir ihnen nicht mehr im alten, im gewohnten Sinn helfen. Wir haben sie geboren, sie getragen, sie ernährt, gekleidet, beschützt. Ohne uns wären sie gestorben. Nun sind sie die Generation, die es schwer hat, eine eigene Existenz aufzubauen. Die Jobs warten nicht gerade auf sie. Ihre erfolgreichen Eltern dagegen haben vieles für sich geklärt, unter anderem ist ihr Einkommen stabiler als das der Jüngeren. Deswegen begleiten wir sie länger, als es bei uns nötig war, mit Zuschüssen und Hilfen aller Art, bis sie endlich eigenverantwortlich leben können.

Nie aus dem Gröbsten raus

Juhu! Großer Jubel am Telefon. Es hatte geklappt mit dem Praktikumsplatz am Theater! Meine Tochter wollte Maskenbildnerin werden. Ich freute mich, als hätte sie Studium und Job danach schon sicher. Übertrieben? Klar! Ich bin jobmäßig von meinen Kindern Schlimmes gewöhnt. Absagen, Abbrüche, Kündigungen, Pleiten. Ich hänge am Tropf. Aus dem strömen die guten wie die schlechten Nachrichten im Leben meiner erwachsenen Kinder direkt in meine Adern. Sie sind längst über 20 und es ist genau wie damals im Kindergarten. Als die Erzieherin sich beklagte: Der Junge lernt die Schleifen nie. Und es klang wie: Sie Versagerin! Sie Rabenmutter! Sie üben zu wenig Schleifenbinden!

Damals beruhigte ich mich: Das hört irgendwann auf.

Schleifenbinden hat noch jedes Kind gelernt. Und wenn mein Sohn schon längst Art Director oder so ist, ist diese Kindergärtnerin immer noch Kindergärtnerin. Es gab da diesen schönen Satz, dem meine Sehnsucht galt und meine Vorfreude: Er ist aus dem Gröbsten raus. Das sagte man, wenn er nicht mehr in die Windeln machte, wenn er die Schule beendet, Studium oder Berufsausbildung abgeschlossen hatte. Jeweils dann begann die Zukunft.

Es kam anders.

Das *Gröbste* hat sich angepasst und ist mitgewachsen. Das Gröbste zurzeit ist ein Mix aus Nebenjobs und Hoffnungen, aus Geldknappheit und Improvisation – das hatte ich mir ganz anders vorgestellt. Ich dachte, sie lernen was, was sie gut können und worauf sie Lust haben. Ich war da offen für alles. Zum Zwecke der Begabungs- und Bestimmungssuche wurden etliche Praktika organisiert, verschiedene Schulformen getestet und mehrmals Lehren begonnen. Als der richtige Beruf gefunden war, war ich glücklich. Und dachte: Jetzt ist mein Sohn aus dem Gröbsten raus. Pustekuchen. Seitdem hat er drei Jobs verschlissen. Das heißt, sie haben ihn verschlissen. Und er hat vage Projekte an der Hand. Einer sagt auf einer Party: Kannst dich mal bei uns bewerben, wir suchen einen wie dich. Vier gründen eine Bürogemeinschaft: Kannst bei uns deinen Computer aufstellen und ein bisschen mitmachen. Einer reicht die Aufträge weiter, die er selbst nicht schafft. Und so geht das.

Urlaub? Auto? Lebensversicherung? Wovon? Es kann nie geplant und gerechnet werden. Es gibt nur das Einkommen dieses Monats oder dieses halben Jahres. Und es gibt mein Einkommen. Ich kann mich nicht beruhigt zurücklehnen wie meine Eltern damals, als ich mein Diplom in der Tasche hatte und meine erste eigene Wohnung bezog.

Der erfolgreiche Abschluss einer langjährigen hohen Investition bleibt aus. Aber meine Kinder sind nicht schuld! Seit ich das denke, verkrafte ich ihr Auf und Ab, ihr Hin und Her etwas besser. Ich höre mich um, wie es bei Freundinnen und ihren großen Kindern geht: Sie werden Mitbegründer eines kleinen Medienunternehmens, haben die tollsten Ideen. Und gehen pleite. Sie schließen mit summa cum laude ab, machen ein Super-Referendariat – und kriegen einen Vertrag über ein Jahr. Sie machen ein Projekt in Bonn, eins in München und bieten ihre Wohnung in Hamburg bei der Mitwohnzentrale an. Wer weiß, welches der Projekte Früchte trägt und einen längerfristigen Job in welcher Stadt nach sich zieht? Die Mutter gießt derweil nicht nur die Blumen, wenn kein Gast einwohnt, sondern zahlt auch die Miete weiter.

Die Stromrechnung kann schon mal unbezahlbar werden, bei den unübersichtlichen Verhältnissen. Vater springt ein. Aber der Sohn ist 29. Mensch, da war er selbst doch schon Ressortchef und zweifacher Vater. Ja, ja. Ich hatte auch mit 25 fertig studiert und war danach erst mal zwölf Jahre ununterbrochen im Job. Jedes Jahr gab's etwas mehr Gehalt. Und die Aufregungen bestanden in Arbeitsinhalten, nicht im Jobwechsel. Bewerben, die Haupttätigkeit der heutigen Anfänger, habe ich kaum gelernt. Na und? Ihnen das vorzuhalten, ist etwa so witzig wie die Reden meiner Großmutter, wenn ich kein fettes Fleisch essen wollte: Wir hätten uns damals nach dem Krieg gefreut über so ein warmes Essen. Es war aber nicht mehr damals nach dem Krieg.

Und es ist nicht mehr die übersichtliche Jobwelt, die wir hatten, um in Ruhe unsere Kräfte zu entfalten. Die Jungen beklagen sich nicht, sie kennen es nicht anders. Nur wir vergleichen. Und leiden stellvertretend für sie. Aber Vergleichen tut weh. Uns und unseren Kindern. Sie können sich nicht mit der tollen Mutter messen. Sie hatte andere Bedingungen. Und jetzt kann sie wieder einmal beweisen, ob sie wirklich so toll ist. Indem sie keine jammernde Oma wird, die sagt: Ich in deinem Alter ... Indem sie diese Zeit versteht und ihre Kinder, ihnen die Blumen gießt, wenn sie ein Praktikum in Israel machen, und zur Not auch den Flug bezahlt. Klar ist das ein Balanceakt und man fragt sich: Ist das jetzt verwöhnen, müssen sie nicht endlich selbst die Verantwortung für sich übernehmen? Ich glaube, das haben sie längst. Es ist die äußerst verzwickte Verantwortung für ein Dauerprovisorium. Und das ist eine ganz andere Sache als damals nach dem Krieg ... Es schlaucht meistens, es beglückt selten. Und es macht auch ab und zu richtig Angst.

Wir können uns nicht zurücklehnen wie unsere Eltern und sagen: Sie sind aus dem Gröbsten raus, das Album mit den Diplomen und den Enkelchen durchblättern und in die sichere Zukunft unserer Kinder und – dazu passend – unseres Alters gucken. Wir sind im Schlepptau ihrer Zickzackwege, wir begleiten sie in Gedanken – aber bitte nicht zu dicht auf den Fersen. Unsere Sorgen machen sie unsicher, das habe ich mehr als einmal zu hören bekommen. Darum freue ich mich über ein unbezahltes Praktikum, wie über jeden mutigen Neuanfang. Und ich breche nicht mehr zusammen vor Verzweiflung, wenn einer von beiden zum Arbeitsamt muss. Ich bleibe, wenn's geht, außen cool und innen warm für sie. Es ist anstrengend und aufregend. Und es hält jung, weil wir gebraucht werden, fast wie am ersten Tag.

Meine Mutter ist verliebt!

Wenn unsere Töchter erwachsen werden, sind wir Mütter noch lange nicht alt. Es kommt vor, dass die 42-jährige Mutter mit ihrer 20-jährigen Tochter zugleich ein Baby bekommt. Jüngst hat eine 55-jährige Berlinerin, die schon fünffache Oma ist, ein gesundes Baby zur Welt gebracht. Die Generationen rücken zusammen, seit wir alle älter werden und länger jung bleiben. Natürlich verändert das die Beziehungen. Wir brauchen so viel gegenseitige Toleranz wie nie, um die große Nähe der Generationen überhaupt erträglich zu machen. Da Mutter und Vater nicht mehr unbedingt zusammen sind und auch nicht schlagartig alt werden, wenn das Kind erwachsen wird, rutschen Erfahrungswelten ineinander. Wie ist es zum Beispiel, wenn die Tochter mitkriegt, dass ihre Mutter sich wieder verliebt?

> Lena (24) erzählt: *Ich habe es ihr gleich angesehen. Sie sah verändert aus. Ihre grünen Augen waren heller. Ihr Teint straffer. Ihre blonden Haare glänzender. Wir hatten uns nur zwei Wochen nicht gesehen. Und in der Zeit muss es passiert sein. Ich habe sie zur Begrüßung umarmt wie immer und ihr dann ins Gesicht gesagt: »Du bist verliebt!«*
> *Schließlich hat sie die Zeichen auch bei mir jedes Mal erkannt. Wahrscheinlich sind wir uns da ähnlich. Sicher haben*

wir ein gemeinsames Liebes-Gen. Sie hat sich erst geziert, klar, sie ist 51 und ich bin ihr Kind, auch wenn ich schon 24 bin. Auf einmal stand sie vor mir, wie ein junges Mädchen, stotterte: »Wie kommst du denn darauf?« Und dann, wie beim Klauen ertappt: »Stimmt. Hab jemanden kennen gelernt.«

Dann war Sendepause. Ich wusste nicht, ob sie will, dass ich sie frage, wer es ist, wie es ist, wie ihr ist. All das, was Freundinnen sich haarklein erzählen. Weil die eine noch mal in den Küssen schwelgt, die sie der andern ausmalt. Und die andere sehnsüchtig teilnimmt am Glück der Freundin. Mit Müttern ist das ganz anders. Sie fühlte sich ertappt, sah verdammt jung und schön aus. Und ich fühlte mich, als ob ich in verbotenes Territorium eingedrungen wäre.

Zum Glück befriedigte sie meine Neugier, ohne dass ich zudringliche Fragen stellen musste. Er heißt Jacob, ist Grafiker, Künstler, stattet Hotels und Restaurants mit Kunstobjekten aus. Komisch, meine Mutter definiert Leute immer noch danach, was sie beruflich machen. Ich würde zuerst erzählen, wie alt mein neuer Freund ist, welche Haarfarbe er hat. Was für ein Sternzeichen er ist. Und sie hat dann immer gleich wissen wollen: Studiert er? Hat er einen Job? Andere Generation halt. Also der Jacob von meiner Mutter ist Steinbock, 44, sieben Jahre jünger. Das habe ich ihr aus der Nase gezogen. Ein Glück, keiner von den Daddys, die wenig Haare, aber dafür viel Bauch zu bieten haben, und Steinbock passt auch wunderbar zur Jungfrau. Außerdem gehört er zu den Freiberuflern, die sich selbst finanziell über Wasser halten. Plötzlich fühlte ich mich wie der Vater, der den Bewerber seiner Tochter fragt: Können Sie sie auch ernähren? Denn wenn ich was hasse, dann sind es Kerle, die sich an meine Mutter hängen, weil sie ein tolles Auto fährt und schicke Klamotten hat. Aber für die ist sie sowieso zu schlau. Sie ist mal mit dem einen oder anderen ausgegangen und war jedes Mal enttäuscht. Dünnbrettbohrer, Freizeitmacho, Witwentröster – was sie nicht alles für Schimpfwörter für ihre Bewerber übrig hatte. Sie ist wählerisch, sagt sie. Und sie vermisst nichts. Das habe ich ihr nie geglaubt. Und jetzt, wo ich ihre leuchtenden Augen sah, und abgenommen hat sie auch mindestens drei Kilo, da weiß ich: Es hat nie gestimmt. Sie hat die Liebe vermisst, wie ich mit 17. Und ich habe sie ihr immer gegönnt. Papa hat schließlich schon lange eine Neue. Und sogar ein kleines Kind. Aber meine Mutter hat sich nach der Trennung auf Yoga geschmissen, hat gearbeitet wie verrückt, hat sich um mich gekümmert. Ist allein verreist. Oft hatte ich Angst, sie würde alt werden, ohne noch mal glücklich gewesen zu sein.

Allerdings konnte ich mir nie einen Typen vorstellen, der es mit meiner Mutter aufnehmen könnte. Sie ist viel zu stark für die meisten Männer, egal in welchem Alter. Mein Vater hat ja nach ihr auch ins einfachere Fach gewechselt. Seine Frau hat ihren Job gleich sausen lassen, als er sie geheiratet hat. Da war meine Mutter eine Weile ziemlich verbittert und hat immer wieder gezischt: »Wenn es das ist, was die Kerle brauchen, vielen Dank, darauf kann ich verzichten …« In der Zeit hat sie aufgehört, auf ihre Figur zu achten, hat Kosmetik und Frisör schleifen lassen, hat sich alt gefühlt. Ich hab geredet wie mit einer Kranken: »Du bist nicht alt. Die Männer drehen sich immer noch nach dir um.« Aber sie hat abgewinkt: »Die meinen dich …« Manchmal hatte

ich Angst, sie würde böse auf mich sein, weil ich das Leben noch vor mir hatte. Ich wollte, dass sie glücklich ist, damit ich mich für mein Jungsein nicht schämen muss.
Und nun stand sie vor mir, verliebt, verletzlich, unsicher. Und ihre Unsicherheit übertrug sich auf mich. Ich kannte sie ja immer nur als die Macherin. Mein Vorbild, die stolze, starke Mutter. Klar habe ich immer gesehen, dass sie auch eine Frau ist. Aber nun stellte ich mir vor, wie sie knutschend im Hausflur steht. Und er fragt, ob er noch mit raufkommen soll. Und fummelt womöglich an ihrer Bluse! Da wurde mir übel. Sie unterbrach meine Überlegungen, als ob sie sie gehört hätte: »Wir haben noch nicht gevögelt, falls du das wissen willst. Aber er ist total mein Typ.« Ihr Vokabular schockierte mich. Gevögelt ... Total mein Typ ... Macht Liebe nicht nur glänzende Augen, sondern auch vulgär und infantil? Muss wohl so sein. Denn sie fragte gleich weiter: »Was soll ich heute Abend anziehen? Wir gehen tanzen.« Und schwenkte eine Lederhose und einen ziemlich durchsichtigen Rock mit Volants vor meiner Nase. »Vamp oder femme fatale? Was steht mir besser?« War das noch Mama? Vamp? Femme fatale? Klar, die Figur dazu hat sie. Aber wo ist ihre Diskretion geblieben, ihre Distinguiertheit? Schon wieder gab sie selbst die Antwort: »Als Dame fühle ich mich Jacob gegenüber nicht. Schluss mit Dame. Das war ich lange genug.« Auf einmal sah ich, dass sie ihre üblichen Perlenstecker nicht trug, gar keine Ohrringe, dafür aber einen schweren Silberarmreif und mehrere passende Fingerringe. »Piercen lasse ich mich nicht, keine Sorge«, lachte sie, als sie meinen Blick von einem Ring zum anderen wandern sah. Und ich kam mir plötzlich furchtbar spießig

vor. »Warum denn nicht?«, entgegnete ich. Um locker zu bleiben. Aber das muss sie falsch verstanden haben. »Verarschen kann ich mich allein«, sagte sie und verzog sich mit ihren neuen Klamotten in ihr Schlafzimmer. Ihre drastische Ausdrucksweise wunderte mich schon gar nicht mehr. Aber wie leicht sie auf einmal zu kränken war! Ich ging ihr nach und sah sie zu allem Unglück auch noch in ihrer neuen Wäsche. Schwarz, String, BH trägerlos. Ich sagte vorsichtshalber gar nichts. »Albern?«, fragte sie und drehte sich seitlich zum Spiegel, wobei sie den Bauch einzog. »Nein, nein, gar nicht«, sagte ich, sicher etwas zu schnell. Ich war neidisch, stellte mir vor, wie die Teile bei mir aussehen würden, ohne Schwangerschaftsstreifen um den Nabel, und mindestens eine Nummer kleiner. Oh, ich fand mich plötzlich so gemein. Und mir wurde hundeelend. Fast hätte ich heulen müssen. Genau in dem Moment zog sie eine Tüte aus der Kommode. »Für dich!« Zwei kleine Päckchen, ich war sprachlos. Dasselbe, was sie trug, in Weiß! Ich fiel ihr um den Hals. Auf einmal war sie wieder dieselbe liebe Mami, die weiß, was Töchterchen will. »Zieh mal an«, verlangte sie. Und ich tat ihr den Gefallen. Wir standen zusammen vor dem Spiegel, beide in Slip und BH. Und waren einfach zwei eitle Frauen in Reizwäsche. Ein ziemlich appetitlicher Anblick. So eine Art von Nähe gab es noch nie zwischen uns. Ich bewunderte sie. Immer noch begehrenswert, immer noch offen fürs Leben. Und ich wünschte mir inständig, in ihrem Alter noch so gut auszusehen. Mich in ihrem Alter noch verlieben zu können. Und eine Tochter zu haben, die mich versteht. Aber auf einmal wurde mir klar, was das bedeutete. Mutter werden mitten im Studium, beruflich selbstständig bleiben mit Kind, eine Scheidung überleben, trotz allem schön und lieb sein, Zeit für sich und die heranwachsende Tochter haben. Mensch, Mutti, das schaffe ich nie. »Du bist wunderschön«, *hörte ich mich sagen. Meine Liebe war grenzenlos.* »Dein Jacob ist sicher wahnsinnig scharf auf dich.« *Das ging ihr aber wohl zu weit. Sie zog ihren Morgenmantel über, knotete den Gürtel fest zu und sagte:* »Darum geht es nicht. Wir verstehen uns einfach gut. Das ist alles. Er wird sicher nicht hier einziehen.« *Au weia, jetzt war ich richtig durcheinander. Erst die neue Wäsche und der eingezogene Bauch, und jetzt erzählte sie mir allen Ernstes, dass es so eine Art platonische Altersliebe sein sollte, die ihre Hormone zum Tanzen bringt, so dass ihre Haare glänzen. Ich wollte ablenken, das Thema wechseln.* »Hast du eine neue Haarkur?«, *fragte ich, zugegeben etwas scheinheilig.* »Nö, wieso?«, *sagte sie. Und ich musste losprusten, weil sie überführt war. Deine Haarkur heißt Jacob, hätte ich sagen wollen, wenn es der Respekt mir nicht verboten hätte. Und deine Hormone wallen nicht vom netten Klönschnack. Aber warum sollte ich meine Überlegenheit ausnutzen? Ich war jetzt die im ruhigen Fahrwasser und sie hatte das Kribbeln im Bauch. Ich bin mit Robby schon über ein Jahr zusammen. Wir haben uns gern, aber er wird sicher nicht der Vater meiner Kinder. Mein Herz klopft nicht mehr, wenn wir uns treffen. Und neue Wäsche kaufe ich seinetwegen schon gar nicht. Aber meine liebste Mama, die Frau, die alles weiß und fast alles kann, die war jetzt eine verliebte Katze, die nachts um die Häuser schleicht. Sie war in Gedanken schon im Bett mit ihm, darauf würde ich wetten. Und sie hatte Schiss davor. Darauf könnte ich ebenfalls wetten. Ich nahm sie in den Arm, sagte »Danke«. »Für die Unterwäsche?«, sagte sie. Ich sagte: »Für alles.« Und als ich sie wieder losließ, hatte sie feuchte Augenwinkel. Ich weiß nicht genau, warum. Aber ich habe gespürt, dass eine neue Zeit angefangen hatte. Jetzt war ich richtig erwachsen. Jetzt war ich zum ersten Mal mit meiner Mutter gleichauf. Und da kamen mir auch die Tränen. Alles wegen eines mir unbekannten Kerls namens Jacob. Schöner Name übrigens, aber wenn meine Mama sich verliebt, dann muss da schon was dran sein ...*

Dieser einschneidende Tag ist jetzt drei Wochen her. Wir sind danach noch zusammen essen gegangen, wobei sie nur am Salat nagte und ich ordentlich bei der Pasta reinhaute. Seitdem telefonieren wir fast täglich. Sie erzählt, was sie loswerden will. Dass es ihr »verdammt gut« geht. Und dass Jacob »super« kochen kann. Und dass sie ein »geiles Weekend« hatten. Und einen »krassen Film« gesehen haben. Und dass sie bald mal zusammen »abhauen« wollen, auf eine Insel. Ich frage nichts. Ich denke mir meinen Teil. Und wünsche ihr und mir, dass es lange hält.

Freundin meiner Tochter?

Wenn die Mutter eine aktive, moderne, liebesfähige Frau ist und die Tochter ebenso – entsteht eine ungeheure Nähe. Manchmal fühlt sich ein Kaffeetrinken mit der Tochter vielleicht so an, als wären zwei Freundinnen beisammen – aber wir vergessen nicht, dass wir als Mutter eine ganz besondere, eine einmalige Rolle für die junge Frau spielen, die unsere Tochter ist. Ein Gespräch mit Claudia Clasen-Holzberg, Psychologin und Psychotherapeutin in Hamburg:

Können Mütter und Töchter Freundinnen werden?
Warum sollten sie? Das ist doch gar nicht nötig. Als Freundinnen gibt es genug andere Frauen aus derselben Generation, aus der Gruppe der Gleichaltrigen – für Mütter und Töchter. Mütter und Töchter können Nähe und eine vertrauensvolle Beziehung zueinander haben, ohne Freundinnen zu sein. Wenn Mutter und Tochter ein sehr enges, freundschaftliches Verhältnis haben, erschwert das für die Tochter oft die Abnabelung von der Mutter. Dafür muss es auch Reibungsflächen und Konflikte geben, ohne die die eigene Identität sich nicht finden lässt. Umgekehrt kann es für Mütter enttäuschend sein, wenn das Freundinnen-Verhältnis sich verändert und die Beziehung distanzierter wird, wenn der Partner oder die eigene kleine Familie mehr in den Lebensmittelpunkt der Tochter rücken. Dann ist die Mutter oft wieder mehr als Oma gefragt und nicht als Freundin.

Kann man in den eigenen Sohn manchmal ein bisschen verliebt sein?
Na klar. Ich glaube, dass Eltern eigentlich immer etwas in ihre Kinder verliebt sind. Das ist auch gut so, sonst ließe sich der ganze Stress oft gar nicht aushalten. Es ist nur wichtig, dass sie sich dessen bewusst sind und wissen, dass das Verliebtsein ganz klare Grenzen hat. Eine Mutter kann sehr wohl ein bisschen in ihren Sohn verliebt sein und sich zeitweise auch erotisch von ihm angezogen fühlen – aber diese Gefühle auszuleben, wäre eine andere Geschichte. Die

französische Psychoanalytikerin Christiane Olivier geht davon aus, dass gerade diese latente Verliebtheit, dieser »besondere Glanz im Auge der Mutter« viel zum männlichen Selbstwertgefühl und Selbstbewusstsein beiträgt. Mädchen fehlt diese erotische Bestätigung von ihrer primären Bezugsperson, was sich oft negativ auf ihr Selbstwertgefühl als Frau auswirkt. Söhne profitieren also durchaus davon. Als Mutter weiß ich jedoch um meine Rolle und kann in die zweite Reihe zurücktreten, wenn die erste Liebe und alle weiteren des Sohnes auftauchen.

Wie verändert sich das Verhältnis zu den erwachsenen Kindern auf psychisch gesunde Weise? Was ist wünschenswert?
Es gibt unendlich viele Variationen, wie ein gutes Verhältnis zu den erwachsenen Kindern aussehen kann. Grundlage ist immer eine gewisse Unabhängigkeit und Selbstverantwortung auf beiden Seiten. Je weniger ungelöste alte Konflikte, Schuldgefühle, aktuelle Abhängigkeiten, Ressentiments etc. die Beziehung belasten, desto besser. Gerade heute haben erwachsene Kinder in der Regel ein sehr eigenständiges Leben, oft fern von den Eltern. Andererseits wird inmitten der größeren Flexibilität und Mobilität und letztlich Beliebigkeit in Beziehungen der familiäre Zusammenhalt wieder wichtiger. Der lässt sich pflegen. Durch Interesse, Anteilnahme und praktische Unterstützung, aber möglichst ohne Manipulation, Verpflichtung oder Aufdringlichkeit.

Wenn die Eltern ewig jung bleiben, was bedeutet das dann für die erwachsenen Kinder?

Dass es nicht so viel Spaß macht, jung zu sein. Es ist schwer, sich gegen Eltern abzusetzen, die fast denselben Klamotten-, Musik- und politischen Geschmack haben. Auch hier besteht die Gefahr, dass es den Kindern schwer fällt, eine eigenständige Identität, die sich von den Eltern abhebt, zu entwickeln. Entweder bleiben die Kinder zu sehr mit den Eltern identifiziert, oder sie müssen, um sich abzugrenzen, besonders radikale Wege gehen.

Können unsere großen Kinder von unseren vielen tollen Erfahrungen profitieren?

Natürlich, sie können von all unseren Erfahrungen profitieren, vorausgesetzt, sie interessieren sich dafür. Das kommt meist erst mit zunehmendem Alter. Und man sollte den Kindern möglichst nicht ständig mit den eigenen Erfahrungen in den Ohren liegen. Gerade die »tollen« Erfahrungen können auch erdrückend wirken und den Kindern das Gefühl geben, gegen so ein tolles Vorbild sowieso nicht anzukommen. Interesse und Einfühlsamkeit für die Probleme und Erfahrungen der Kinder sollten auf jeden Fall im Vordergrund stehen. Angemessen dosiert kann das eigene Beispiel allerdings das Selbstbewusstsein stärken und helfen, ein optimistisches Bild vom Frausein zu entwickeln. Das gilt besonders für Mütter und Töchter.

Den Kindern eine Last zu sein – schreckliche Vorstellung. Wie bleiben wir für sie spannend und attraktiv?

Am besten wohl, indem wir weiterhin unser Leben leben und es so kreativ und interessant wie möglich gestalten. Nicht, um für die Kinder spannend und attraktiv zu bleiben, sondern für uns selbst. Darüber hinaus können wir uns bemühen, für sie offen zu bleiben. Aber wohin die Kinder sich entwickeln und wofür sie sich interessieren werden, können wir sowieso nur begrenzt beeinflussen. Eine der großen Aufgaben beim gelungenen Älterwerden ist das Abschiednehmen und Loslassen. Immer wieder und auch im Umgang mit den eigenen Kindern. In der Regel wird es so sein, dass Kinder, die als kleine und heranwachsende Kinder ein gutes Verhältnis zu ihren Eltern hatten, das auch behalten werden – zumindest im Herzen. Und darauf können wir vertrauen. Und dann können wir ihnen zur Not getrost auch mal zur Last fallen – sie werden sich schon abgrenzen können, wenn es ihnen zu viel wird.

Nicht zur Last werden

Wenn ich mich lasch und ausgelaugt fühle, kann nur ich es ändern. Meine Kinder belästige ich mit so etwas nicht. Meistens lasse ich es erst mal zu, lege mich mit meinem neuesten Buch auf die Couch und bin weg. Irgendwann regt sich meine Neugier wieder zu gucken, was heute mit dem Leben ist. Das Wetter, die E-Mails, Anrufe auf dem Band, meine Freundin, die gerade umgezogen ist, meine Tochter und ihr Job … ich melde mich zurück und bin wieder mittendrin. Gut zu spüren, dass sie auf mich gewartet haben. Dass ich keine Last bin, um die sich andere kümmern müssen. Schreckliche Vorstellung: Du meldest dich ja gar nicht … diesen Satz möchte ich nie, nie, nie meinen Kinder am Telefon sagen. Umgekehrt ist es lieber. Meine Tochter fragt, wenn sie anruft: Wie geht's dir eigentlich? Muss ich mir Sorgen machen? Dann lachen wir zusammen.

Wenn ich eine Woche nichts von meinen Kids gehört habe, nehme ich an, es geht ihnen gut. Immer gelingt mir das nicht. Vor allem, wenn es mir selbst nicht so gut geht, denke ich wehmütig, wie weit weg sie doch sind, die Menschen, die mir auf der Welt am allerwichtigsten sind. Mutterherzen sind kitschig, aber Mütter haben auch einen Kopf. Und der ruft sie zur Ordnung. Gut, dass wir Eigenständigkeit in jeder Lebensphase geübt haben, jetzt brauchen wir sie gegenüber den Kindern so wie damals gegenüber den Eltern. Familie ist nicht dazu da, ihre einzelnen Mitglieder zu zwingen, einzuschränken, zu behindern, zu belasten, zu verpflichten. Familie ist die natürlichste Verankerung in der Welt, der ewige Reigen, der nie zum Stehen kommt. Wie Familie lebt, das hängt von vielen Faktoren ab – und wir sind nur ein kleiner Teil von diesen Faktoren. Wir sind nicht schuld und wir sind auch nicht die großen Programmierer. Wir sind nur Teil vom Ganzen und können genießen, wenn es etwas zu genießen gibt, und tapfer hinnehmen, was nicht mit unseren Träumen übereinstimmt.

Wie vielfältig und kompliziert Familie geworden ist, zeigt ihre Definition durch Familienforscher als alles, was als »verbindliches Zusammenleben auf Dauer« angelegt ist. Es braucht keine Blutsverwandtschaft, keine Ehe-Urkunde. Nur ein Füreinander-Dasein. Und so können wir alle unsere Familien genießen, so wie sie geworden sind, mit unserem Zutun und zugleich ohne unseren Einfluss. Und unseren groß gewordenen Kindern ihre eigene Sicht auf ihre und unsere Geschichte gestatten.

Frieden mit den Eltern

Zum Frieden mit den großen Kindern gehört auch Frieden mit den alten Eltern. Zuerst mussten wir erkennen, wo ihre Grenzen liegen, dass sie nicht allwissend und allmächtig sind. Dann mussten wir die Enttäuschung darüber verwinden. Und dann konnten wir ihre liebenswerten Seiten wiederfinden – die unter Vorwürfen verschüttet gewesen waren. Jetzt sind wir so weit zu spüren: Das ist Mutters Erbe in mir. Hier bin ich ihr ähnlich. Da werde ich immer mehr wie sie, stopp, das will ich nicht!

Ich konnte nach ungeheurem Groll auf meine sehr selbstbewusste, immer aktive, eloquente und charmante Mutter, die keine Zeit und keinen Nerv für kleine Kinder gehabt hatte, eines Tages verzeihen. Und ich konnte ihre großen Stärken, die sie anderen Frauen ihrer Generation voraus hat, erkennen, als ich selbst in ein Alter kam, in dem ich Ähnliches an mir erkannte. Sie hat mir vorgelebt, dass es gut ist, eine Frau zu sein, dass es gut ist, einen Beruf zu haben, den man gern macht, dass es gut ist, unabhängig von einem Mann zu sein, emotional wie materiell. Sie hat mir vorgemacht, an sich selbst zu denken. Und ich habe einiges zu diesem Vorbild hinzugefügt: Ich habe mich mehr zurückgenommen für meine Kinder, wenn es nötig war. Ich habe den Familienzusammenhalt, das Eintreten jedes Clan-Mitglieds für alle anderen sehr vermisst. Aber ich habe eben auch keine Mutter, die mich jeden Sonntag zum Kaffeetrinken nötigt, nie ruft sie an und jammert, dass sie so allein ist. Sie ist es nämlich nicht. Denn sie hat beizeiten für sich selbst gesorgt. Kaltschnäuzig vielleicht, unsensibel und egoistisch – das alles könnte man so sehen, seit sie sehr kurz nach dem Tod ihres Mannes, meines sehr geliebten Stiefvaters, einen viel Jüngeren geheiratet hat. Aber meine Mutter ist nie eine Last geworden, ich muss mir keine Sorgen machen.

Je älter ich werde, desto mehr weiß ich ihre Unabhängigkeit und den Abstand zwischen uns zu schätzen, denn dieser Egoismus ist *auch* rücksichtsvoll. Sie verlässt sich nicht darauf, dass ich einspringe, wenn sie hilflos ist. Sie versucht, nicht hilflos zu werden. Bisher hat es geklappt. Und wenn ich sie mit ihrem Mann zum Weihnachtsessen einlade, ist sie beglückt und bedankt sich ausführlich und herzlich – weil es nicht selbstverständlich bei uns ist. Vorteil oder Nachteil? Ich denke beides. Jede Familie tickt anders. Denn sie ist immer ein Zusammenspiel von unverwechselbaren, einzigartigen Individuen. Es gibt keine verbindlichen Regeln mehr für Familie, Eltern sind keine unantastbaren Autoritäten mehr (das haben wir durchgesetzt!), Kinder sind nicht mehr gehorsam, erwachsene Kinder sind nicht für unser Wohl zuständig, wir reden ihnen nicht drein in ihre Entscheidungen. Wir sind froh, wenn wir von ihren Plänen unterrichtet sind, und hoch erfreut, wenn sie unseren Rat oder unsere Meinung erfragen. So wollten wir es damals haben, als wir jung waren und unsere Eltern alt in unseren Augen. Sie konnten das nicht, wir mussten ihnen oft eine Zeit lang den Rücken kehren und ihnen beweisen, dass wir Recht hatten.

Eltern stammen immer aus der anderen Zeit. Unsere besonders. Die Kontinuität, die uns und unsere Kinder verbindet, hat es vor uns nicht gegeben. Ich habe das erst verstanden, als ich selbst etwas älter war. Ich sah mir meine immer wiederkehrenden Lebensprobleme und auch die meiner Freundinnen genauer an. Dazu hatte ich erst Zeit, als meine Kinder aus dem Haus waren und ich wieder mehr zu mir fand. Das war eine tolle Zeit. Ich hatte mich von meinem Lebensgefährten nach acht Jahren getrennt, zog in eine kleine, hübsche Wohnung in Hamburg und begriff: Das war meine erste eigene Wohnung! Ohne Familie, ohne Kinder, ohne Mann. Ich habe dieses Refugium nach dem großen Crash geliebt. Und ich hatte Luft, mir Gedanken zu machen und vor allem viel zu lesen.

Plötzlich wurde mir klar: Meine Eltern stammen aus der Nazizeit, ihre Kindheit und Teile der Jugend waren vom Ton und Drill beim BDM und bei der Hitlerjugend bestimmt. Das zu erkennen, brauchte deswegen so lange, weil sie bereits glühende Antifaschisten waren, als ich sie kennen lernte. Aber das schützte sie nicht davor, unbewusst Normen der Vergangenheit zu leben. Meinen gleichaltrigen Freundinnen geht es genauso. Wir sollten funktionieren, nicht stören, brav und erfolgreich sein, sexuell erst enthaltsam, später aber fügsam, wir wurden kritisiert, mit unseren Schwächen aufgezogen, der zweifelhafte Humor manches Vaters hat uns verletzt. Wir waren Kinder und hatten keine Meinung zu haben.

Seit langem schon steht Verzeihen auf der persönlichen Agenda. Jetzt haben wir die Verletzungen der Kindheit als Aufgaben verstanden, die wir lösen müssen, um reif zu werden und weise. Jetzt ist diese Zeit. Jetzt müssen wir die Verletzungen verstanden haben. Es sind weitergegebene

Verletzungen, von Menschen, die es nicht besser wussten. Da ist die gefühlskalte Mutter, deren Mutter wiederum ein ewig jammerndes Emotionsbündel war. Die Tochter erlebt sich als ungeliebt und nicht liebenswert, bekommt später Probleme mit Partnerschaften.

Da ist die unzufriedene Mutter, die unter ihrem Stand geheiratet hat, weil Männer nach dem Krieg knapp waren. Deswegen ist sie auch mit der Tochter unzufrieden, was deren Selbstwertgefühl erheblich schwächt. Da ist die Mutter, die den prominenten Mann anhimmelt und ihre Tochter als Konkurrenz ansieht, sie sogar dem sexuellen Missbrauch ausliefert. Da ist die ehrgeizige Mutter, die aus einer Bauernfamilie zur Akademikerin aufsteigt und die ihre Tochter viel zu lasch und schüchtern findet, sie ständig schubst und pusht, bis diese sich gar nichts mehr zutraut.

Alle diese Töchter sind meine Freundinnen. Und die meisten haben Frieden geschlossen mit ihren unvollkommenen Müttern. Wer sich sein eigenes Muttersein durchdenkt, kommt unweigerlich auf die Idee, den Alten zu vergeben. Weil wir auch Vergebung wollen. Und es lebt sich einfach besser ohne Groll.

Genau diese Erkenntnis, dass die Familie eine einzige Kette von Missverständnissen, Versuchen, Unfertigkeit und Hilflosigkeit ist und dass dies in jeder Familie so ist, macht uns gelassen. Und so können wir unsere Eltern lieben, auch wenn wir ihre Liebe manchmal angezweifelt haben.

Die Sandwich-Generation

Wie weit wir in der Fürsorge für hilfebedürftige Eltern gehen, ist uns selbst überlassen. In einem Krimi sagt am Ende der Kommissar: Warum sollte ich den Hintern eines Mannes wischen, der mir den meinen ständig grün und blau geschlagen hat? Ja, warum? Die moralische Pflicht, alten Eltern zu helfen, ist weitgehend außer Kraft. Alte, Gebrechliche bekommen professionelle, mehr oder weniger ausreichende Hilfe. Und alle haben begründete Angst, sie selbst könnten einmal in eine solche Abhängigkeit geraten. Wir sind noch lange nicht an diesem Punkt, wir haben jetzt Entscheidungen zu treffen zwischen individueller Verantwortung und gesellschaftlicher Norm. Die Norm ist das Heim. Alte zu Hause zu haben, ist die Ausnahme. Manche pflegen ihre Eltern, viele nicht. Vielleicht hängt es auch ein wenig davon ab, wie wir selbst gepflegt wurden, als wir nackt und abhängig waren.

Wir sind die Sandwich-Generation. Die Kinder sind noch lange nicht ganz flügge, studieren länger, haben nur befristete Jobs, brauchen immer mal eine Finanzspritze oder wollen ab und zu in ihr altes Kinderzimmer wieder einziehen. Und die Eltern können nicht mehr einkaufen gehen, schaffen den Haushalt nicht mehr, brauchen Ablenkung und Anregung durch uns.

Wir selbst sind 50 und froh, einen Job zu haben, der Spaß macht und uns ernährt. Wir genießen, dass uns die Knochen nicht wehtun, dass wir Sudoku spielend lösen, dass uns die Jeans vom letzten Jahr lässig passt und sich ein Flirt mit dem Italienisch-Lehrer anbahnt.

Was nun? Was sind unsere Prioritäten? Eine gültige Antwort darauf gibt es nicht. Nur eine einleuchtende Faustregel: Wenn wir uns selbst mit Hilfsmaßnahmen in alle Richtungen überfordern, hat am Ende keiner was davon. Dann machen wir schlapp. Und können keinem mehr helfen.

Gesunder Egoismus weist einen gesunden Weg. Den Kindern ist meist geholfen, wenn unsere Hilfe sich allmählich ausschleicht wie ein Medikament, das man behutsam absetzt. Wenn der Sohn das Studium abbricht, weil er nun doch nicht Jurist werden will – wer sagt, dass er weiter alimentiert wird? Dann soll er jobben gehen – es ist nicht unsere Sache, seine Zickzackwege zu bezahlen. Wenn die Mutter in ein Pflegeheim muss, weil die Ärztin es dringend rät, dann wird man das beste suchen, das bezahlbar ist. Man wird sie besuchen, man wird sie zu Besuchen abholen, alles, soweit es machbar ist – neben Beruf und Erholung, die wir mit 50 genauso dringend brauchen. Wer sich hetzen lässt von dem Gefühl, dass alles ja doch nie ausreicht, der macht bald schlapp. Im Älterwerden lernen wir, die eigenen Reserven zu schützen. Weil wir deutlicher fühlen, wie weit sie reichen.

Familie soll also auch für uns, die wir in der Mitte angekommen sind, eher Kraft geben als Kraft kosten. Dass das immer mal abwechselt und auch nicht ständig im Gleichgewicht sein kann, kein Problem. Aber auf lange Sicht fahren wir jetzt die Ernte ein – für die Investition, ein halbes Leben um ehrliche Beziehungen gekämpft zu haben: zu den Älteren und zu den Jüngeren.

Wohnen: bei uns zu Hause

»Das Leben hier erfüllt mich mit tiefer Freude.«

Carla Gänßler

Wohnungen wachsen mit

Wohnen Sie schon richtig? Sind Sie gern zu Hause bei sich selbst? Oder gehen Sie nur jeden Abend zu der Adresse, die im Pass steht, weil sie eben schon immer da ist, Ihre Wohnhöhle?

Wohnungen sind so unterschiedlich wie Menschen. Und sie verändern sich mit den Jahren genauso wie Menschen. Passen sich ihrem Lebensstil, ihren Bedürfnissen und auch Möglichkeiten an. Die ändern sich. Und es gibt gute Gründe, nicht da festzukleben, wo wir einmal gestartet sind.

Oft reichen nicht Pinsel und Farbe oder Schränkerücken. Oft ist realer Ortswechsel angesagt, wenn wir uns weiterentwickeln. Umziehen also. Für manche ein Horror. Dreimal umgezogen ist wie einmal abgebrannt – wer sagt denn eigentlich so was? Ein Umzug muss nicht immer schrecklich sein. Ein Umzug heißt, Sachen von A nach B bewegen. Welche Sachen? Ja, damit fängt es schon mal an. Das Positive am Umziehen: Wir machen eine Werteschau aller Dinge um uns herum. Bestandsaufnahme. Müssen die mit, brauchen wir die noch? Wir werfen Ballast ab, auch schlechte Gewohnheiten, Dauerprovisorien, halbherzige Deko-Versuche, wir schaffen Platz für Neues. Was in der Regel heißt: für neue Bedürfnisse.

Gegen Umzüge gibt es immer gute Gründe – sie sind einfach zu anstrengend und zu teuer. Wir tun es aber immer wieder, weil jede Lebensphase ihre passende Hülle braucht.

Etwas im Leben verändert sich – also auch das Wohnen. Klar, dass unsere vier Wände wechseln, wenn Ansprüche, Bedürfnisse und Möglichkeiten wachsen.

Egal, ob wir uns verkleinern oder vergrößern, aufs Land ziehen oder in die Stadt – Umziehen ist immer kreativ. Jedesmal wird alles neu gemischt. Und wenn's gut läuft, wissen wir jedesmal ein bisschen besser, was wir von unserer ganz persönlichen Höhle eigentlich wollen. Hirnforscher sagen sogar, dass ein Umzug unserem Denkorgan nützt. Neue Wege, neue Anblicke schaffen neue Vernetzungen. Das Gehirn wird angeregt, Neues zu lernen. Andere Treppen, andere Gerüche, fremde Geräusche frischen das Denken auf.

Umzug nach 50

Plötzlich waren alle am Umziehen. Innerhalb von drei Jahren musste ich die Adressliste mit Freundinnen und Bekannten mehrmals ändern. Und auch ich bin umgezogen. Alle haben sich gewundert: Was, du Stadtpflanze, du ziehst aufs Land? Nach der Einweihungs-Party haben alle verstanden, was ich hier gefunden habe. Meine Mitte. Das heißt, natürlich war es umgekehrt. Erst war irgendwo die Mitte da, die Ruhe, die richtige Mischung aus Gewissheit und Ungewissheit, das Abwarten-Können. Dann kam das alte, umgebaute Haus dazu. Und kurze Zeit vor dem Umzug auch der Mann, der mitziehen wollte. Eine dramatische Veränderung von Lebensräumen in kurzer Zeit – und ganz still und unaufgeregt. Das gibt es erst ab 50. Dinge, die wir brauchen, zeigen sich. Vielleicht war es schon früher so – und wir haben sie nicht gesehen, haben in die falsche Richtung geschaut, die Richtung noch nicht gekannt, nicht geschätzt, was leicht schien, nicht geglaubt, was versprochen wurde, dafür aber das Verkehrte akzeptiert. Das war alles wichtig, um jetzt im richtigen Moment zu wissen: Das ist *mein* Ding! Da will ich sein. So will ich sein. Luxus? Ich glaube nicht. So ähnlich wie mir geht es auch anderen in meinem Umfeld. Sie haben ihre Wohn- und Lebensform mit über 50 wieder neu gefunden. Ich habe sie besucht.

Wallys erstes eigenes Zimmer: Als die Rundfunkredakteurin mir ihre Maisonette-Wohnung zeigt und mich durch die Räume führt, sagt sie etwas Verrücktes: »Das hier ist mein erstes eigenes Zimmer.« Genau genommen sind es gleich drei. Ein hoher Wohnraum mit Balkendecke, Treppe und Galerie, ein großes helles Badezimmer, das den Namen Zimmer wirklich verdient, eine schöne Wohnküche und oben noch zwei Zimmer, zum Schlafen und für Gäste. Komfort, den hat sie sich gesucht, den hat sie verdient, das wusste sie bei aller Bescheidenheit auf einmal. Wenn schon umziehen, alles hinter sich lassen – dann richtig schön und aus Überzeugung. Sie wollte der Wohnung, in der die Kinder groß geworden waren, in der ihre Ehe gescheitert war, nicht nachtrauern. Sie wollte der Zeit, dem Mann und der

Jugend nicht nachtrauern. Der Neustart sollte genussvoll sein. Das ist gelungen. »Ich habe mich von Anfang an zu Hause gefühlt.«

Das erste eigene Zimmer mit fünfzig! Und es war ihr vorher nie aufgefallen, dass es ihr fehlte – bis sie endlich eins hatte. Bis zum Abitur hat sie ihr Kinderzimmer mit der Schwester geteilt, dann zog sie mit ihrem Mann zusammen, bekam Kinder, arbeitete beim Rundfunk, verdiente einen großen Teil des Familieneinkommens – aber ihr einziger Platz in der Familienwohnung war die Küche. »Ich habe auch morgens am Küchentisch gearbeitet, wenn die anderen noch geschlafen haben.« Der Wunsch nach einem eigenen Refugium war ihr nicht bewusst, erst jetzt, als sie es sich geschaffen hat, weiß sie, was ihr schon lange gefehlt hat. Von der Familie war nur noch die Tochter bei ihr, als sie sich nach der Scheidung wieder verliebte. In einen Kollegen, der am anderen Ende der Stadt wohnte, auch mit halbwüchsiger Tochter. Vier Jahre sind sie gependelt. Ein Spagat, der vor allem wegen der Töchter wichtig war. An den Wochenenden war Wally bei ihm und sie hat die Lebensqualität seiner Umgebung schätzen gelernt. Seen und Wälder direkt vor der Haustür. Im Winter Schlittschuh laufen, im Sommer schwimmen. Stundenlange Spaziergänge in jeder Jahreszeit. Sie zog zu ihm um die Ecke. Weg von ihrer Kindergegend, weg vom Kiez mit Freunden, weg von gewohnten Läden – aber zu ihm, in die pralle Natur und in ihre eigenen drei Zimmer. Das ist nun vier Jahre her, und die regelmäßig wiederkehrende Frage am Samstagabend »Gehen wir zu dir oder gehen wir zu mir?« hat ihren Charme verloren. Jetzt denkt sie an ein nachfamiliäres Zusammenleben mit ihrem Freund. Aber auf jeden Fall wieder mit einem eigenen Zimmer!

Sabines Geborgenheit: Ich muss drei Treppen zu ihr hochsteigen, sauber gewischte Linoleumstufen. Auf dem Hof breitet sich ein großer Baum aus. Innenstadt-Idyll mit Vogelzwitschern. Hier macht sie die Tür zu und der ganze Stress der Welt bleibt draußen. Sabine lebt getrennt vom Ehemann. Die Söhne sind erwachsen, haben eigene Wohnungen. Vorher hatte die Familie eine Stadtvilla, das Haus der Schwiegermutter. Gediegene große Räume, Garten mit Pool – aber das alte Haus musste weichen, denn nach dem Tod der Schwiegermutter sollte großzügig neu gebaut werden. Zusammen mit einer befreundeten Familie. Eine Doppelhausvilla. Über dem Bau zerbrach nicht nur Sabines Ehe, auch die Freundschaft bekam über organisatorischen Streitigkeiten Risse.

Die Frage nach einem sicheren und friedlichen Ort zum Leben wurde für Sabine brisant. Noch lebte der jüngere Sohn bei ihr, noch wusste sie nicht, was sie wirklich brauchte, um zur Ruhe zu kommen. Sie hätte einen Teil des Neubaus für sich beanspruchen können, als Nachbarin ihrer bislang engsten Freundin, aber sie sagte sich: »Lieber bescheiden allein wohnen, als in schwierige Verhältnisse verwickelt sein.« Jetzt, nachdem der Jüngste ausgezogen ist, hat sie schlichte zwei Zimmer, mit kleiner Küche, Mini-Bad und winzigem Balkon zum Innenhof – das, was sie sich vom Unterhalt und dem Job als Nachhilfelehrerin eben leisten kann. Alles sorgfältig nach den eigenen Bedürfnissen eingerichtet. Zwei schöne alte Schränke erinnern an frühere Zeiten im großen

Haus, das helle Wohnzimmersofa ist zugleich Schlafcouch für die Söhne, wenn sie zu Gast sind. Die Übersichtlichkeit der Gegenstände und Möbel passt zu Sabines Charakter, sie braucht Klarheit, sie ist gründlich und nachdenklich. Dafür hat sie sich jetzt ihren Ruhe-Raum geschaffen. Das große, alte Haus war ihr oft über den Kopf gewachsen. »Es war ein Dauerprovisorium, immerzu war etwas kaputt, musste etwas ausgebessert werden.« Da tobte das spontane Leben, da waren die Kinder und Freunde der Kinder, Kollegen ihres Mannes und viele Gäste. Rückzug gab es kaum. »Ich genieße es, dass ich allein hier bin, alle Dinge genau da stehen bleiben, wo ich sie hingestellt habe. Ich habe nur das im Kühlschrank, was ich brauche, und wenn meine Söhne sich ansagen, gehe ich extra einkaufen und koche speziell für sie.« Das ist jedesmal wunderschön, aber wenn die Tür ins Schloss fällt und die Ruhe nur von leisen Jazz-Klängen gekitzelt wird, kommt sie zu sich selbst. Vielleicht zieht sie wieder um, wenn eine neue Liebe sich zeigt, dann gleich mit leichtem Gepäck. Aber bis dahin fühlt sie sich katzenschnurrewohl allein zu Hause.

Karlas Traum: Platz für ihr Lebensglück, davon konnte Karla bisher nie genug haben. Denn für die Künstlerin sind Wohnen, Leben und Arbeiten ineinander übergehende Zustände. Sie braucht Atelier, Speicher, Arbeitsplatz und Werkstatt zum Zeichnen, Malen, Bildhauern und Sammeln. Ihr Atelier in der Stadt sollte erst teurer werden, dann wollte der Vermieter es für sich selbst, dabei war es sowieso schon zu klein gewesen, die Wohnung dagegen wurde zu groß, als die Töchter ausgezogen und der Mann gestorben war.

Eine Weile brauchte Karla, um sich innerlich zu sammeln. Was jetzt? Was wollte sie? Was brauchte sie, nachdem die Familie sich aufgelöst hatte und die eigene Kunst der Kunst-Dozentin immer wichtiger wurde? Sie wollte sich als freie Künstlerin selbstständig machen und nicht mehr so viel unterrichten. Dafür brauchte sie ein neues Umfeld. Sie fuhr los, immer über Land, sah sich Gehöfte an, Scheunen, Anwesen aller Art. Mit einer Zahl im Kopf, die sie ausgeben konnte. Je mehr sie sah, desto genauer wusste sie, was sie brauchte. Leere Landschaft, Platz, tolerante Nachbarn, denn sie würde auch am Wochenende Holz mit der Kreissäge bearbeiten, Objekte im Garten aufstellen, viele Gäste haben, ein ungewöhnliches Leben entfalten.

Dann war ihr Traumhaus gefunden. Ein altes Schulhaus von 1875. Bezahlbar, weit ab von allen großen Städten. Trotzdem muss keine Einsamkeit aufkommen. Im Umfeld wohnen noch mehr gleich gesinnte Künstler. Denn diese Landschaft zieht Kreative schon lange magisch an. Seit vier Jahren ist das Haus selbst zum Kunstwerk geworden. Karla musste die Fundamente freilegen, Stützfundamente anlegen, 15 Tonnen Sand aus dem Haus schaufeln, losen Putz abklopfen, Lehmdecken ersetzen, Giebelbalken erneuern, Wände vernadeln. Alles, was ging, hat sie eigenhändig gemacht. »Ich weiß nicht, woher ich die Kraft hatte. Wenn ich alles vorher gewusst hätte – ich hätte mich nicht getraut.«

Sie hat schöne mehrflüglige Fenster bauen, einen Holzofen setzen lassen, der das ganze Haus beheizt und ein Prunkstück im Wohnraum ist. Auch im Bad geht es fein zu – Karlas Gespür für noble Qualität ist nicht zu übersehen. Als Freiberuflerin hat sie zwar keinen Cent zu verschenken, aber sie sagt sich, dass Qualität bei bestimmten Dingen billiger ist als übertriebene Sparsamkeit – um sich ein paar Extras leisten zu können, war sie zwei Jahre lang ihr eigener Maurer und Bauleiter, oft auch Zimmermann. Sinn für Stil und Lust auf Arbeit kommen hier zusammen, und Karla meint, wenn das Umfeld stimmt, wird sie bessere Kunst machen und sie sicher noch besser verkaufen als bisher. Das Haus auf dem Land soll zugleich die Arbeitslust fördern und Wohnhöhle sein. Hier kann sie Stille hören, Dunkelheit sehen, Jahreszeiten spüren, Wetter und Nebel, Hitze und Kälte. »Ich komme ja vom Dorf, habe immer mit Pflanzen und Tieren gelebt. Eigentlich habe ich mir 30 Jahre was abgeklemmt, als ich in der Stadt gelebt habe.« Jetzt gehen endlich ihre Camelien und Oleander nicht mehr ein. »Das Leben hier erfüllt mich mit tiefer Freude.«

Beates Luxus: Licht erfüllt den Eingang, als die Tür aufgeht. Helles Parkett, makellos weiße Wände, um die Ecke eine offene Küche, und der Blick geht gleich weiter auf die große Terrasse mit vielen Kübelpflanzen, eine helle Holztreppe führt nach oben, dort gibt es einen Arbeitsplatz mit Weitblick und ein Gästezimmer. Zum großen Wohnraum unten gehört eine zweite Terrasse, umrahmt von Baumkronen. Das ist Beates Traum-Wohnung. Seit vier Jahren wohnt die Bauingenieurin mit ihrem Mann Rainer, der TV-Produzent ist, hier. »Ich wollte schon immer hoch oben wohnen.« Aber erst mal standen andere Dinge im Vordergrund. Vier große Zimmer, Hof mit Garten und Buddelkasten für die Kinder.

Als die Söhne größer wurden, passten die Interessen nicht mehr mit denen der Eltern zusammen. Die Wohnung wurde zu eng für vier Leute, die zu unterschiedlichen Zeiten schlafen und essen. Aber das machte Beate keine Angst. »Ich hatte richtig Lust, noch mal was Neues anzufangen.« Und sie hatte eine Idee: Nicht die Jungen ziehen aus, sondern die Alten. Jedes Wochenende fuhr sie nun mit ihrem Mann durch die Gegend, die sie liebten und die sie nicht verlassen wollten, um sich Häuser und Baustellen anzugucken. Und dann hatten sie es. Dachgeschoss, 100 Quadratmeter, zwei Terrassen, in einem Jugendstilhaus. Große Fensterfronten, weiter Blick über alte Bäume – das war's. Der moderne Dachausbau vermittelt das Gefühl, in einem eigenen Haus zu wohnen, man sieht und hört keine Nachbarn, die Sonne kommt den ganzen Tag von wechselnden Seiten, keiner kann hereinschauen außer den Vögeln am Himmel. Rainer arbeitet oft zu Hause, während Beate als Bauleiterin für wechselnde Projekte reisen und pendeln muss. Dann hat er oben auf der Empore absolute Ruhe. Manchmal ist Beate auch tagelang allein zu Hause, wenn er auf Dienstreisen ist. Dann genießt sie die Wohnung genauso. »Ich fühle mich hier sehr geborgen und sicher, weil ich so hoch oben wohne.«

Reginas Sparmaßnahme: Der Hof ist schön bewachsen, die automatische Glastür schnurrt bei kurzer Klinkenberührung gastfreundlich auf. Dass Wohnungen hier billig sind, ist im Treppenhaus mit schwarzen Fußbodenfliesen und gelben Klinkern aus der Zeit, da das Haus eine Schokoladenfabrik war, nicht zu sehen. Die Stadt will das Quartier aufwerten, steckt Geld in die Renovierung, lockt Kreative und Künstler mit niedrigen Mieten und gutem Stil. Renate hat dieses Refugium nach langem Suchen gefunden. Etwa 400 Wohnungen hatte sie im Internet geprüft, 50 sich angesehen, diese war eine Zufallsbegegnung bei einem Spaziergang. Jetzt steht ihr Schreibtisch an einem großen Fabrikfenster, der Arbeitsplatz ist durch eine wandhohe Glasschiebetür vom Wohnraum getrennt, die Wände sind glatt gespachtelt, die Decken sind von geweißten Eisenträgern durchzogen, der Minibalkon fängt den ganzen Tag Sonne ein, im Schlafzimmer ist Platz für Bücherwände. Regina ist aus ihrer viel größeren Stuck-Altbauwohnung im Nachbarstadtbezirk ausgezogen, weil sie der Freiberuflerin zu teuer war, weil die Tochter zum Studieren weggegangen ist und weil Erinnerungen an eine verletzte Liebe noch in der Luft hingen. Der Auszug schien nicht ganz freiwillig. Aber unbeirrt hat sie gesucht – nach einer neuen Hülle für einen anderen Lebensabschnitt, nach einem Impuls gegen depressive Stimmung. Jetzt hat sie freundliches Multikulti vor der Tür, Läden, die fast rund um die Uhr offen sind, Cafés mit moderaten Preisen und guten Köchen, dicke Bäume auf alten Straßen, und auch der Besucher nimmt ein gutes Gefühl des Neuanfangs in diesen Mauern wahr. Schöner Nebeneffekt: »Wenn ich hier auf die Straße gehe, werde ich wieder als Frau gesehen, diese Männer aus anderen Kulturkreisen schauen mich an, wenn ich vorbeigehe. Die Gegend und das Haus haben mir gleich gefallen, aber dass es mir hier so gut tut, das merke ich erst jetzt und jeden Tag wieder.« 200 Euro weniger Miete, aber keine Einbuße an Lebensqualität, dazu ein neuer Blick nach innen und auf die vertraute Heimatstadt – das nennt man eine echte Win-Win-Situation.

Marthas Elternhaus: Der Anruf erreichte sie am Strand. Ein Unfall, sie konnte ihre Mutter nur noch aufgebahrt sehen. Dann das leere Haus, in dem die Mutter die letzten Jahre allein verbracht hatte. Viel zu viele, viel zu kleine Zimmer, Bad und Küche wie in den 60er-Jahren, der Geruch von alten Polstermöbeln. Wir saßen mit Rotwein auf der Terrasse, ein Käuzchen rief in der hohen Birke. Verkaufen oder renovieren und einziehen? Viel Geld würde es derzeit am Markt nicht bringen. Obwohl die Gegend gut ist und der Wert steigen wird. Martha lebt allein, die Kinder sind längst aus dem Haus, sie ist die typische Single-Power-Frau über 50, die ihr Alleinsein wirklich genießen kann. Als Chefin eines sozialen und kulturellen Kinderprojekts in einem kinderreichen Kiez mag sie es zu Hause ruhig und verbreitet überall, wo sie ist, in Windeseile Kuschelflair. Aber ins Elternhaus, wo auch gewisse Gespenster der Vergangenheit lauern, wo sie klein war und hilflos? Es ist die Frage: Fliehen oder kämpfen? Und wir gucken den Sternenhimmel über uns an, die dunklen Baumsilhouetten rahmen ihn dramatisch, und ich denke, als ein Igel übers Gras huschelt: Sie sollte kämpfen, sich ihr altes Zuhause zurückerobern. Das hat sie gemacht. Mit tollen Ideen, einem Ausbau-Kredit und viel Hilfe aus dem Freundeskreis. Jetzt sind es weniger Zimmer, größere Räume, alle maisgelb gestrichen, im Bad steht die Wanne auf Füßen und einem Podest, daneben ein Sofa und viele Leuchter, Küche und Wohnzimmer sind eins, die Arbeitsplatten und der Tresen sind mit maisgelben

Fliesen belegt, in einer Ecke gibt es einen offenen Kamin. Martha hat sich eine Kettensäge gekauft und hat den Wald im Garten zurückgedrängt, Büsche umgesetzt, Stauden aus Samen gezogen und gepflanzt. Wir sitzen jetzt öfter auf der mit Rosen und Klematis umrankten Terrasse und trinken Wein. »Die Gespenster sind verscheucht. Das hier ist richtig meins. Ich bin angekommen.« Sagt sie einmal, sie, die Coole, die Pathos und Kitsch hasst wie die Pest.

Alle unsere Umzüge

Der erste Umzug, den wir selbst zu verantworten haben, geht in die erste Bude nach dem Kinderzimmer. Preiswert, in Job- oder Uni-Nähe, am besten da, wo wir die Kinos kennen und ein paar Leute. Mehr muss nicht sein. Dusche oder Wanne – fast schon Draufgaben. Fünfter Stock ohne Balkon und ohne Lift? Kein Problem. Wenig Platz für Schränke und Kommoden? Haben wir sowieso (noch) nicht, Kleiderstange genügt. Kerzen, Stoffbahnen über Stühlen und vor Nischen, Duftlampe und der alte Teddybär – fertig ist die allererste Wohnseligkeit.

Die erste Wohnung kennt wenig Rücksichten. Sie muss praktisch sein und günstig. Bezahlbar. Bett, Tisch und Schrank müssen nicht zusammenpassen und schon gar nichts hermachen. Sie tauchen auf aus dem Nichts, aus dem Fundus der Eltern, dem Dachboden der Tante, dem Trödel. Glück ist dann: Tür zu, Spot an. Vielleicht gibt es mehrere solcher ersten Wohnungen in einem Leben. WGs mit Freund, mit Freundin, dann wieder allein, im Praktikum, während einer befristeten Stelle. Da bettet man sich nicht allzu sorgfältig. Man hätte auch zu viel zu verlieren, wenn die Karawane weiterzieht.

In der Familienphase sieht es anders aus. Da denkt man: Für immer. Ein Nest muss funktionieren. Es muss Platz haben für alles und für alle: dem Kind Sonne und Auslauf, Regale für Baukästen, Hochbett zum Toben, die Schaukel im Türrahmen. Teppich statt Parkett – das ist wärmer und leiser. Der Familientreff ist die Küche oder das Esszimmer. Glücklich der Mann oder die Frau, die im familiären Gewusel ein Refugium sich einrichten kann, eine Nische oft nur für den Computer, wohin sich Kekskrümel, Murmeln und einzelne Socken nicht so leicht verirren. Design-Freaks vergessen ihre Neigungen. Ruhesucher vertagen die stillen Stunden auf nachts.

Wendet das Herz sich dem Zusammenleben zu – mit Partner und folgerichtig auch irgendwann mit Kind –, muss die Höhle praktisch sein. Vorbei der wilde Stilmix aus Mutters altem Sofa und erster Designerlampe. Jetzt geht's geordnet zu: ob klassisch – Kinderzimmer, Wohnzimmer, Schlafzimmer – oder locker – mein Zimmer, dein Zimmer, Kinderzimmer. Wir wollen Schränke, Ordnung, Übersicht. Die Küche wird ständig perfektioniert. Auflaufformen, beschichtete und unbeschichtete Pfannen, der Wok, der Gänsebräter, der Römertopf, das weiße Geschirr, das Sonntagsservice, Gläsersammlung – das Ganze wächst und ufert zwangsläufig aus, wenn die Familie in die Jahre kommt. Gut, dass dann irgendwann unaufhaltsam Phase drei folgt: Down shifting. Die Kinder beginnen den Reigen von Neuem. Ihre erste eigene Bude wird neuer Lagerplatz für Besteck, das bei uns doppelt war, für doppelte Topfausstattung und den ausrangierten Kühlschrank. Wir breiten uns aus, machen das Kinderzimmer zum zweiten Schlafzimmer – das Schnarchen des Liebsten soll nicht weiter am Ehefrieden sägen. Oder zum Gästezimmer. Oder zur Anzuchtanstalt für die Balkonpflanzen. Wie auch immer, die angestammte Hülle ist eigentlich zu groß geworden. Das gestehen wir uns aber nur ein, wenn mindestens noch ein weiteres variables Element hinzukommt: Scheidung, berufliche Veränderung, neue finanzielle Zwänge oder auch neue Chancen. Was auch immer Auslöser fürs Anrücken der Möbelpacker ist: Wir können das Beste draus machen! Bei allen pragmatischen Motiven einen fast vergessenen Traum gleich mit erfüllen.

Inzwischen wissen wir, wie wir unser eigenes Wohlgefühl herstellen können, wie unsere Traum-Höhle aussieht. Wer im Gartenhaus der Großmutter aufgewachsen ist wie ich, hat möglicherweise den Traum vom Klatschmohn und den Sauerkirschen hinterm Haus nie ganz begraben. Kriegt heimatliche Wohlgefühle bei Taubengurren und Spatzengekreisch. Gartenmenschen schaffen sich jetzt die Möglichkeit, zu ebener Erde zu wohnen, barfuß auf die Wiese treten zu können. Keine Rücksicht mehr auf Schulbus und Kita-Nähe. Auch Nahverkehrsanbindung ist nicht mehr unbedingt Motiv erster Klasse. Wir fahren Auto.

Der Mensch strebt seinem Ausgangspunkt zu: Für mich muss es nach feuchter Erde riechen, wenn's regnet. Denkbar aber auch genau das Umgekehrte: Das Familienhäuschen wird abgestoßen. Buddelkasten und Plastikschwimmbecken haben ausgedient. Drei Zimmer mit Schräge im

Dachgeschoss braucht keiner mehr. Der Mensch im mittleren Alter wünscht sich mehr Kultur, gleich um die Ecke. Also ab in die Kieze der großen Städte – wer es sich leisten kann. Die architektonisch interessante Dachwohnung mit Fahrstuhl – typischer Luxustraum für Doppelverdiener, bei denen die Kinder sich weitgehend selbst tragen.

Schwieriger ist Umziehen nach einer Trennung, wenn das gleiche Einkommen auf einmal für zwei Wohnungen reichen muss. Da gibt es viel loszulassen. Die Beziehung, die gemeinsamen Klamotten und Gewohnheiten, die Sicherheit des gewohnten Nestes. Aber auch dieser Umzug kann Lust machen. Wegschmeißen kann sehr lustvoll sein. Weg mit dem kitschigen Kaffeeservice der Schwiegermutter, weg mit angeknabberten Teppichen. Weg mit durchgebogenen Regalböden, weg mit dem Ehebett, in dem das Drama sich zuerst zeigte. Einfach wieder von vorn anfangen, mutig sein. Noch mal zurück ins jüngere Fach. Das tut gut. Braucht aber auch etwas Mut.

Mit Kleiderstange und traumhaften Tüllvorhängen aus dem Weltladen sind die zwei Zimmerchen, die jetzt rein rechnerisch noch drin sind, so stylisch, wie das Sechszimmerhaus mit Familie es nie sein konnte. Mit Leuchtern auf dem Fußboden und Schaffell statt Sofa – fürs Erste. Das gibt ein Gefühl von Jugend. Und man kann die Wände rosagrün gestreift anmalen – niemand darf jetzt dreinreden. Niemand! Im Kühlschrank nur Sekt und Erdbeeren – wieder Single sein, man kann es auch als Wohnstil zelebrieren. In dieser Lebensphase nimmt man ganz leicht ab und genießt die studentenhafte Bude als erstes eigenes Refugium nach der Familie. Wer damals gleich mit Mann zusammengezogen ist, erlebt es vielleicht sogar zum ersten Mal, sein eigenes Reich nur für sich und nur aus sich heraus zu gestalten.

Es gibt auch den pragmatischen Umzug. Wenn man einem Job nachzieht. Oder wenn der Arbeitsplatz zu Hause sein soll, wenn eine Werkstatt, ein Atelier, eine Praxis gebraucht wird. Nach der Familie kriegt der Job eine neue Rolle. Er muss nicht mehr zu Schulöffnungszeiten passen. Wir können richtig loslegen, zur Heilpraktikerin umschulen, den Schritt wagen, als freie Künstlerin zu leben. Da wird die klassische Dreizimmerwohnung zu eng. Da müssen auch mal Leute in Straßenschuhen durchziehen dürfen, da muss Material gelagert werden können, da rücken Arbeit und Leben näher zusammen – das kann sehr gesellig sein. Dann sieht der Tausch oft so aus: raus aus teurer City-Lage zu günstigeren Konditionen ins Ländliche.

Umzug heißt Veränderung. Veränderung heißt Entwicklung. Im besten Fall bewegen wir uns mit jedem Umzug immer weiter auf unser Ideal vom selbst gestalteten Leben zu. Weg von vorübergehenden Kompromissen und Notwendigkeiten, hin zu den echten Bedürfnissen. Das kann die Zweizimmerwohnung sein, in der es absolut keinen Ballast mehr gibt, keine Altlast und auch keinen Finanzdruck. Das kann das Loft sein, in dem es keine Trennwände mehr gibt, damit Gäste nach spätestens zwei Nächten freiwillig wieder abhauen. Das kann das geerbte Haus sein, in dem wir Architektin, Dekorateurin und Anstreicherin werden. Es kann auch die Zwei-Zimmer-WG mit dem neuen Liebsten sein, wo man sich abends am Küchentisch kichernd fragt: Gehen wir zu dir oder gehen wir zu mir? Das Leben diktiert uns Wohnbedürfnisse immer dann neu, wenn sie dran sind. Wer sie übersieht, Wünsche und Sehnsüchte aussitzt, macht sich unglücklich. Wer sich nicht bewegt, hat meistens schon verloren. Denn Wohnen muss nicht schicker, teurer und edler werden. Es muss einfach nur immer besser zu uns passen.

Schöner leben

Lange hat das Wohnen uns vor allem Arbeit gemacht: sauber machen, Ordnung halten, reparieren, renovieren. Jede Frau, die in einer Beziehung oder Familie lebt, weiß, dass es nicht ihre eigenen Dinge sind, die Mühe machen, sondern die der lieben Mitbewohner. Kinder, Männer. Seit wir wissen, dass unsere Zeit nicht unbegrenzt ist, macht Aufräumen und Putzen noch weniger Spaß. Streit über die Arbeitsteilung führt zu noch mehr Groll. Oder Resignation hat sich eingeschlichen – auch nicht gerade gesund für die Seele. Wohnen leichter machen ist also dringend geboten. Zehn Tipps, wie wir den alten Wohnstress abschaffen:

1. Entrümpeln

Zwei Sammler in zwei Zimmern? Das kann nicht gut gehen. Vor allem, wenn er Bücher und sie Filme hortet. Die Billy-Böden biegen sich und die Frage heißt irgendwann: Umziehen oder ausmustern? Wer gerade nicht mit einer saftigen Gehaltserhöhung rechnet, versucht es erst mal mit

Letzterem. Sie sortiert *seine* Bücher, er *ihre* Filme. Ziel: Die Hälfte muss raus! Nebenher auch die Chance zum Liebesbeweis – ich weiß, was du zum Leben brauchst! Den Erdkundeatlas aus der Neunten bestimmt nicht, aber für den Jungen Werther von Oma Gertrude zur Konfirmation ist bei uns immer Platz.

2. Erziehen

Pubertärer Wahnsinn ohne Generationenkrieg? Sie wohnen ja oft lange bei uns, die halb erwachsenen Kids. Ein Hauptgrund, das nicht nur zu genießen, sondern auch zu verfluchen: ihr offenbar nicht vorhandenes Ordnungs-Gen. Wir müssen uns damit abfinden. Das geht. Verlangt aber Stahlseilnerven auf Seiten der Älteren. Der Deal ist: *Dein* Chaos hinter verschlossenen Türen geht uns nichts an, was herausquillt, wird beschlagnahmt – ersatzlos Richtung Mülltonne.

3. Erneuern

Blind geworden in der Wohnroutine? Irgendwann hat alles seinen Platz, selbst die Bodenvase mit immer wieder frischen Zweigen. Gefällt es uns überhaupt noch bei uns? Da muss was passieren. Zum Beispiel: vier Wochen raus mit dem Fernseher. Das ändert schlagartig Sitzordnung und Blickrichtung. Die Lücke zeigt neue Räume. Schaukelstuhl mit Gartenbuch, Scrabble auf dem Küchentisch, Nähmaschine an der Couch.

4. Entkitschen

Kitsch-Vase im Chinadekor, afrikanische Holzmaske, Sandbild aus der Sahara? In einer Ausstellung »Tante Else kommt viel rum« wollten wir eigentlich nicht wohnen. Tante Else und Co. vor den Kopf stoßen und den ganzen Kram im Müll versenken aber auch nicht. Hier die höfliche Lösung: Alles ruht weit hinten im Geschenke-Schrein oder ordentlich beschriftet im SOS-Karton im Keller, und wenn Besuch des edlen Spenders ansteht, bekommt das jeweilige Stück einen Ehrenplatz auf dem Wandbord.

5. Blitzaufräumen

Blitzbesuch: Hallo, hier ist die Edda! Sie hat zwei Stunden Zeit bis zum nächsten Flug, und wir sitzen genüsslich im eigenen Chaos? Da gibt's nur eins: Blitzaufräumen. Nur drei Dinge sind wichtig: Geschirr weg – notfalls in den Spülschrank, Betten machen, Wäsche weg, egal in welche Kästen. Nebeneffekt: die kleine Entrümpelung – was wir drei Wochen später nicht wieder gefunden haben, brauchen wir nicht wirklich.

6. Aufbewahren

Minas erste Sonne, Christos erstes Knete-Männchen. Unwiederbringliche Werte, ohne Zweifel, und doch stauben auch sie eines Tages ein und weichen anderen Dingen. Eine Schatztruhe ist der richtige Ort, wo die jungen Künstler ihre Werke gut aufgehoben wissen und Mama und Papa kein schlechtes Gewissen plagen muss.

7. Rationalisieren

Enkel Max hat schön gespielt: mit Millionen Legoteilen, Schnuffeltuch, Bilderbuch und Zoo. Wer im Wohnzimmer abends nicht Slalom laufen, aber auch nicht regelmäßig aufräumend über den Boden robben will, setzt Max auf einen Spielplatz aus Segeltuch. Der hat Schlaufen und lässt sich später einfach aufheben und an die Wand hängen.

8. Entsorgen

Kein Platz nirgends. In den Regalen Doppelreihen aus vergessenen Büchern, der Kleiderschrank voller ungeliebter Klamotten, an der Wand noch immer die Fotos vom Urlaub mit dem Verflossenen? Ein Ruck muss durch die Wohnung gehen! Wir fragen eine Freundin: Was würdest du ändern, wenn du hier wohnen würdest? Und dann weg mit allem, was nicht mehr zu uns gehört. Dazu Möbelrücken, Deko und Farben ändern – das macht mehr Spaß, als einfach nur ausmisten.

9. Einrichten

Die neue Wohnung. Endlich! Fertig, los, alles auf die Plätze! Aber immer schön langsam mit Bohrmaschine und Dübeln. Erst nach dem Einleben wissen wir wirklich, was wo bleibt.

10. Umräumen

Das andere Leben in derselben Wohnung. Siebenmal renoviert, neue Vorhänge gekauft, den Teppich rausgeschmissen. Das reicht nicht, damit Wohnen und Leben auf Dauer zusammenpassen. Manchmal muss es einfach mehr sein:

Mut zur neuen Raumaufteilung. Zimmertausch. Schlafen und Arbeiten im großen Zimmer, Essen im einstigen Kinderzimmer, oder in jedem Zimmer ein Schlafplatz, bei ihm und bei ihr.

Bewusst genussvoll Wohnen ist jetzt. Ist der Sohn zum Studium in einer anderen Stadt, die Tochter zum Praktikum in Amerika, geht's los: Zum ersten Mal steht die Frage ohne allzu große Zwänge im Raum: Wie will *ich* eigentlich wohnen? Will ich (wie meine Eltern) die leeren Kinderzimmer zum Museum machen, nur ab und zu die Teddys abstauben? Oder Gästezimmer und mein eigenes Schlafzimmer einrichten? Brauche ich vielleicht ein Atelier, weil ich endlich Zeit zum Malen habe? Oder fange ich noch mal was ganz anderes an? Finde meine ureigenste Fasson, in der City, auf dem Land, mit dem Mann meines Lebens oder ohne ihn, nach der Trennung, beruflich möglicherweise unabhängiger, finanziell etwas gesettelter.

Erst jetzt, wo die Dinge des Lebens sich setzen, darf pure Wohnlust sich zeigen. Plötzlich wissen wir: Diese Dachwohnung ist mein Ding, ein extra langer Birken-Esstisch *muss* es sein, die Küche will ich offen, und nichts geht ohne Terrasse. Jetzt ist Zeit zu spüren, was wirklich gut tut: klar und schlicht, barock und sinnlich, klein und fein, spartanisch und bescheiden, schräg und hip. Irgendwann wissen wir das alles – und dann können wir uns genau die Umgebung schaffen, die wir brauchen.

Schönheit: Wir werden immer schöner

»Es gibt ein Alter, in dem eine Frau schön sein muss, um geliebt zu werden. Und dann kommt ein Alter, in dem sie geliebt werden muss, um schön zu sein.«

Francoise Sagan

Eitelkeit bleibt

Eines Tages rief mich meine Kollegin Christine an und sagte: »Schreib doch mal was darüber, dass einem im Alter die eigene Schönheit nicht mehr so wichtig ist.« Ich schluckte: Wann hat sie mich das letzte Mal gesehen? Und sagte spontan: »Das kann ich nicht, weil das nicht stimmt!« »Ach«, stutzte sie. »Aber ich merke es doch auch schon«, (ich schätze, sie ist zehn, zwölf Jahre jünger) »... dass man nicht mehr so mithalten kann.« Und da hofft sie, dachte ich bei mir, dass ihr das nichts mehr ausmacht, wenn sie in meinem Alter ist. Wir reden eine Stunden über Fitness, Augencremes, Schönheits-OPs (Einigkeit: igitt), den eigenen Stil finden und dergleichen, und dann sagt sie: »Okay, schreib einfach, was du willst.« Was ich dann tat.

Es ist nämlich so: Man wird immer schöner! Ja, und wenn nicht, dann macht man was falsch. Es geht um den richtigen Blick auf die eigene Schönheit. Um die Liebe zu dem, der man geworden ist. Schließlich hat man eine Menge dafür getan: dieses Leben gelebt. Und es geht auch um ein bisschen Disziplin. Torten und Zigarren heben nun mal nicht, sie belasten Taille, Augen, Zähne ... na, alles, was man so an Schönem an sich selbst versauen kann. Je länger wir dies tun, desto mehr prägt es unsere Erscheinung. Auch miese Charakterzüge – Neid, Geiz, Hochmut – lassen sich nach 50 Jahren deutlich im Gesicht nieder, sie bestimmen die Linienzeichnung um Augen und Mund.

Ich weiß, das ist jetzt etwas hart für alle, die sich Matronenspeck schönreden und fahlen Teint kampflos hinnehmen, trüben Blick und schlaffe Mundwinkel einzig der universalen Schwerkraft zuschreiben. Aber Schönheit ist so verdammt subjektiv. Und da wird ja wohl eine eigene Meinung erlaubt sein. Ich jedenfalls bin in meinen Augen immer schöner geworden. Und das ist es, was fürs Lebensgefühl zählt. Das kann jede von uns: ihre Schönheit entdecken und hätscheln, sich mögen und zufrieden mit sich sein.

Es ist ein Glück, nie eine Teenie-Schönheit gewesen zu sein. Da gab es nicht so viel zu verlieren. Ich war, wie wohl neunzig Prozent aller mitteleuropäischen Frauen, leidlich nett anzuschauen. Aber ich wusste es damals nicht, genau wie neunzig Prozent aller mitteleuropäischen Frauen – was meiner Ausstrahlung nicht eben Glanz verlieh. Ich weiß nicht, woran es bei Ihnen eventuell gehapert hat. Ich hasste meine breiten Hüftknochen und meine lange Nase. Auch waren meine Augen irgendwie grünlich, meine Haare leicht blöndlich. Nichts Dolles eben. Was ich sagen will: Diese ewige Unzufriedenheit damals! Die war furchtbar anstrengend. Und jetzt ist sie weg! Obwohl Hüften und Nase natürlich nicht zierlicher geworden sind. Aber grüne Augen finde ich jetzt toll. Und mein Blond pflege ich – da kommt das Grau nicht so schnell durch wie bei Brünetten.

Damals, da hatte man noch nicht eine einzige Speckrolle um den Nabel, nicht eine einzige Augenfalte, ganz zu schweigen von Sonnenschäden im Dekolleté. Aber man war unzufrieden, weil man darunter litt, dass man keine Jeansgröße 27 tragen konnte. Die Geschichte vom Aschenputtel hat mich immer sehr schmerzlich berührt, da wird den bösen Schwestern übergroßer Knochenwuchs einfach abgehackt, ich konnte mich gut in sie hineinfühlen.

Ich konzentrierte mich auf das, was ich ohne Knochensäge tun konnte. Wimperntusche, Lippenstift, Rouge, Lidschatten. Ohne Malerei war kein Schritt auf die Straße möglich. Ohne war man eine nasse Katze, eine Peinlichkeit für die Welt. Man lebte in der Angst, jemals als nackte, nasse Katze auf der Straße erwischt zu werden. Wenn ich mich bunt bemalte, und zwar stundenlang, ließ meine Mutter unbrauchbare Bemerkungen fallen wie: »Mach doch nicht so viel Gewese um dein Äußeres, auf Intelligenz und Charakter kommt es an!« Und sie strafte sich Lügen, indem sie ihren neusten französischen Lippenstift zückte und sich schmatzend die Lippen nachzog. Ich malte natürlich auch weiter.

Als ich einmal unter einem Pickel litt, sagte Mutter großmütig: »Eines Tages werden die Männer bei dir Schlange stehen.« Vermutlich meinte sie, wenn ich ein Super-Abi und ein glänzendes Diplom vorweisen könnte. Dass männliches Interesse ein Indiz für Schönheit sei, damit sind schon Millionen Mädchen in die Irre geführt worden. Oder kennen Sie das nicht: Die Hakennase von nebenan hat den süßesten Bengel von der ganzen Straße abgekriegt? Und was hatte die, was ich nicht hatte? Vermutlich keinen Spiegel und somit ein ungebrochenes Selbstbewusstsein. So was macht sexy, wusste man aber noch lange nicht, damals. Richtige Schönheit führt bekanntlich selten zu befriedigenden Verhältnissen mit dem anderen Geschlecht. (Ganz zu schweigen von glänzenden Diplomen!)

Zurück zu mir. Schöner geworden bin ich, als ich die Nasen-Problematik ein kleines bisschen vergaß. Irgendwann hatte ich mich mit mir abgefunden, es gab dieses Niemandsland zwischen jung und älter. Da wusste ich, dass der Märchenprinz nicht scharf auf frisch gestrichene Wimpern ist. Und zwar aus dem einfachen Grunde, weil es gar keinen Märchenprinzen gab. Ich hatte mich genug darüber geärgert, was Mutter und Großmutter mir vererbt hatten. Ich hatte süße Kinder und einen guten Job. Ich trug Dauerwelle und Minirock und fand mich meistens schick. Da war ich 35. Den Gebrauch von dekorativer Kosmetik hatte ich so weit perfektioniert, dass man die Schminke nicht mehr sofort als solche erkennen konnte. Und so gewöhnte ich mich an mein richtiges Gesicht. Ich weiß nicht mehr, wie lange das gedauert hat, bis ich mich richtig klasse fand. Eines Tages war es so weit. Vielleicht, als meine Tochter eine schöne junge Frau geworden war. Ihre Nase ist weit besser, fein abgerundet und genau an der richtigen Stelle, ihre Haut ist feiner, ihre Augen schimmern oliv. Aber sie jammert, weil sie zwei Zentimeter kleiner ist als ich! Nun müsste es ja eigentlich kommen, das Kapitel, das Christine meinte: gemütlich zurücklehnen, der Jugend den Schönheitswahn überlassen und weise lächeln: Geht mich alles nichts mehr an.

Nix da! Frau bleibt Frau. Und es gibt ja auch gesundheitliche Aspekte. Und die trieben mich unter anderem ins Sportstudio. Zum ersten Mal in meinem Leben hatte ich mit Mitte 40 richtig feste Muskeln an den richtigen Stellen. Mein Bauch ist straffer geworden, andere Teile übrigens auch. Und schon ist er wieder spitz, der Stachel der Eitelkeit. Ich schaute mich um: Wie sehen denn die anderen zwischen 40 und 50 so aus? Ah, ja! Man wird ja mal gucken dürfen. Und auf einmal war ich dankbar für das, was ich habe: Die fette Pickelhaut kriegt später Falten als die reine, trockene. Das Straßenköterblond lässt sich prächtig aufbessern, Grau kommt so nicht durch. Und meine Tochter sagt mir, was ich anziehen soll. Pünktlich zur neuen Jeansära hatte ich meinen Hintern so weit trainiert, dass er zwar nicht in Traumgröße 27 passte, aber immerhin …

Natürlich ist das Älterwerden eine Kunst. Aber die ist nicht schwerer als das Jungsein. Die Angst, ohne Lippenstift angetroffen zu werden, ist der Angst gewichen, dass die Rotweinränder der Nacht nicht zu vertuschen sind. Allerdings hilft heute die Erfahrung: Andere sehen einen nie so, wie man sich fühlt. Oft genug schon kam ich zermatscht in die Redaktion und jemand sagte: »Oh, du sieht aber heute gut aus!« Oder umgekehrt: Man war ausgeruht und frisch geschminkt und prompt traf der Spruch: »Ist was mit dir? Du siehst irgendwie kaputt aus!« Was lernen wir? Es ist wurscht, wie viel wir an uns herumfummeln, andere sehen uns sowieso durch *ihre* Linse. Sie sehen die Aura mit, die uns umgibt. Und an der sind wir immer auch selbst schuld. Die Aura oder auch die Ausstrahlung, man könnte auch sagen: der Charakter (Danke, Mutter!), sind nämlich feine Sachen, die sehr hilfreich sein können – zumal ab einem bestimmten Alter. Humor, Coolness, Charme – die ganze Palette, die sich mit mehr Erfahrung so einstellt, sind hundertmal effektvoller als Perlmutt im Lipgloss und Silberfäden in der Bodylotion. Können wir ja außerdem noch einsetzen, sieht aber keiner! So, und jetzt kann ich ihn mir nicht länger verkneifen, den einzig wahren Spruch zum Thema: Schönheit liegt im Auge des Betrachters. Wenn wir selbst der Betrachter sind. Das soll kein Trost sein für Zukurzgekommene. Das heißt auch nicht, dass Sophia Loren oder Linda Evangelista durch uns 90-Prozent-Frauen Konkurrenz kriegen könnten. Das heißt einfach, dass wir alle irgendwo schön sind. Wenn wir uns selbst liebevoll betrachten. Dann sehen wir nämlich, was wir für uns tun können. Mit Sport, mit Salatrezepten, mit frischer Luft, mit Lachmuskeltraining. Und auch mit Augenpads. Zum Beispiel.

Ich weiß jetzt, was ich brauche, um mich gut zu fühlen. Und gut auszusehen. Das besorge ich mir. Und wenn ich es nicht schaffe, genug zu schlafen, wenn ich Ostereier mit Nougatfüllung esse, wenn ich mir über den Widrigkeiten des Lebens die Augen rot weine, dann weiß ich, warum ich Schrumpellider habe und Quellhüften. Es ist nicht mehr das ungerechte Schicksal wie damals, als man verzweifelt auf die makellose Maraike in der Schulbank eine Reihe weiter starrte. Man ist in sich hineingewachsen. Und man hat sich in der Hand. Man hat gelernt, sich über die hellgrünen Augen zu freuen und die schmalen Hände. Die waren zwar schon immer da. Aber wir haben sie nicht gesehen. Schönheitswahn, gepaart mit Jugendwahn, lässt uns das Wichtigste übersehen: das, wo wir wirklich schön sind! Ich spiele da nicht mehr mit. Ich mag meine Vorzüge. Die üblichen Handicaps werden einfach eingemeindet.

Das Echo gibt mir recht: Ich werde manchmal angeflirtet von Männern (nicht, dass sie Schlange stünden!), die zehn Jahre jünger sind. Und Andy, ein Freund meiner Tochter, sagt: Deine Mutter sieht aus wie 38. Das stimmt natürlich nicht, liebe Christine. Andy (21) stellt sich eben vor, dass Frauen mit 38 so aussehen wie ich. Also, was willst du, Christine? In seinen Augen bist du süße 25. Alles klar?

Jünger aussehen?

Zwei Drittel aller Frauen finden es richtig, sich durch Kosmetik und Mode jünger zu machen. Natürlich wollen sie nur deshalb jünger aussehen, weil jünger = besser gilt. Sie wollen ganz gewiss nicht noch mal auf die Uni, noch mal mit kleinen Kindern von vorn anfangen, sich noch mal auf Aushilfsjobs bewerben und vor Männern rot werden. Sie wollen auch nicht ihre Sicherheit weggeben, ihre sexuellen Erfahrungen verlieren und ihre tollen Erlebnisse vergessen. Nein, sie wollen so schön wie möglich aussehen und verwechseln das mit jung aussehen.

Aber heißt jünger aussehen denn besser aussehen? Christiane Hörbiger hat etwas sehr Schlaues zu der Frage gesagt: »Ich bemühe mich, gut auszusehen. Nicht, jung auszusehen.« Das geht nämlich auch gar nicht. Wenn Fifty-Plus-Gesichter jünger aussehen, heißt das nämlich nur eins: Man denkt gemeinhin, dass Fifty-Plus-Gesichter älter aussehen müssten. Die Bilder in den Köpfen stimmen nicht mit dem überein, was wir heute verkörpern. Meine Großmutter war 46, als ich auf ihrem Arm abgelichtet wurde. Das Foto zeigt eine rundliche Frau mit grauem Haarknoten und geblümter Kittelschürze, in deren Tasche garantiert kein Lippenstift, sondern ein Häkeltaschentuch steckte. Mit 50 war sie endgültig eine alte Frau. Und das war wenige Jahre nach dem Krieg, in dem sie allein auf der Flucht mit drei Kindern Unglaubliches durchgemacht und geleistet hatte. Ihr Leben, das Leben ihrer Generation, ist noch immer unbewusstes optisches Vorbild für Frauen in den mittleren Jahren. Doch wie verschieden von unserem verlief ihr Leben! Das erste Mal Not und Entbehrung erlebten sie meistens als kleine Kinder nach dem Ersten Weltkrieg. Als sie junge Mütter waren, kam kurz ein wirtschaftlicher Aufschwung. Sie heirateten, kauften Volksempfänger und Blumenbank. Und dann war oft auch schon bald alles ausgebombt, was sie sich erarbeitet hatten. Die Männer waren im Krieg, manche kamen zurück, viele nicht. Und wenn, dann waren sie andere als vorher. Auf was sollten diese Frauen mit 50 noch Lust haben? Ganz klar: auf gutes Essen, Ruhe und eine neuen Teppich. Sorgenfalten, Mangelernährung, die Mode, nicht auffallen zu wollen, machte diese Frauen vorzeitig alt. Unsere Mütter hatten es etwas besser. Aber in ihren Köpfen war das Bild der Mutter, die mit 50 optisch geschlechtslos und modisch anspruchslos geworden war, noch ziemlich frisch. Nun sind wir die neuen Fünfziger. Und uns steht der Jugendwahn im Weg. Jung, jung, jung wollen wir bleiben. Wie einfallslos das ist! Was ist an der Jugend für uns nachahmenswert? Gar nichts. Jungsein ist nicht Schönsein. Junge sind manchmal von allein schön, Ältere sind schön, weil sie wissen, wie's geht: mit Kosmetik, Mode und vor allem – Charakter.

Keine Spur älter geworden?

Spurenlos altern ist Blödsinn. Es geht nicht, und wir können es auch nicht wirklich wollen. Es gibt diese aufschlussreiche Geschichte von Bertolt Brecht, die zwar einen Mann betrifft, aber wir können sie getrost auf uns Frauen übertragen: Ein Bekannter trifft Herrn K. nach vielen Jahren auf der Straße wieder und sagt ihm: »Sie haben sich überhaupt nicht verändert.« »Oh«, sagte Herr K. und erbleichte. Das vermeintliche Kompliment ging nach hinten los. Er hatte sich schließlich entwickelt. Wir haben eine Menge an Wissen gewonnen, an Irrtümern abgelegt, wir waren glücklich und sind unverwechselbar geworden. Das soll man alles nicht sehen?

Wir hinterlassen Spuren, unser Leben hinterlässt Spuren – es ist nur die Frage, welche. Auch die Wissenschaft drückt es klar aus: Jünger aussehen geht nicht wirklich. Frauengesichter mit viel Östrogen im Blut sind für Männer, die sie sonst nicht weiter kennen, attraktiver. Das haben belgische Forscher anhand von 56 Frauenfotos herausgefunden. Die männlichen Probanden fanden am attraktivsten all jene, die zu dem Zeitpunkt das meiste Östrogen im Körper hatten. Die also am fruchtbarsten wirkten. So weit die unbewussten Signale, die Fotos auslösen. Aussehen wie fruchtbare Jung-Mütter können wir partout nicht, egal wie viel Antifalten-Massage oder gar Liftings wir machen. Aber berückend schön aussehen, das können wir, mit dem, was wir an Fantasien auslösen.

So wie es reizende Teenager und pickelige Trampel unter den jungen Mädchen gibt, gibt es auch bei den voll erwachsenen Frauen schöne und weniger schöne. Die Einteilung in Alt und Jung ist dumm. Aber wir lassen sie uns immer wieder aufdrücken. Warum? Weil wir eben nicht mehr jung sind. Wir sind schon fünf Jahrzehnte auf der Erde herumgerannt, haben Glück und Leid erlebt, haben alle Frisuren und Lippenstiftfarben ausprobiert, haben uns abgearbeitet an allen nur denkbaren Aufgaben und Themen. Aber das ist doch nichts anderes als ein Plus! Als Frau können wir dadurch nur besser geworden sein. Unsere Erotik ist raffinierter. Unser Auftritt ausgereift. Alter ist kein Brandzeichen, das von irgendetwas ausschließt. Älter werden gehört zum Leben und erhöht die Chancen, einiges richtig zu machen.

Wer hat uns das eingeredet, dass wir uns zurücknehmen müssen, dass wir keine hohen Absätze und Dekolletés tragen dürfen? Jugendwahn, Schönheitswahn? Jugend und Schönheit gehören zusammen. Schönheit im Alter gibt es genauso. In der Werbung und im Kino sehen wir mehr junge Schöne als alte Schöne. Weil wir da *alle* gern hinschauen, weil es dem Auge gefällt, wenn Menschen jung sind. Aber wir müssen dringend unterscheiden zwischen der üblichen digitalen Bilderflut und dem wahren Leben.

Christiane Hörbiger macht es perfekt vor. Schließlich weiß jeder, wie alt sie ungefähr ist. Und trotzdem strahlt sie Weiblichkeit, Sinnlichkeit und Eleganz aus. Jüngst hat sie die erste Sexszene ihres Lebens gespielt. Ich bin noch nie so weit gegangen, sagte sie einem Boulevard-Reporter. Und sie hatte eine Botschaft mit dieser Rolle, in der sie einen Orgasmus auf einer Treppe spielte: zeigen, dass es auch im höheren Alter Sinnlichkeit und Sexualität gibt. Uns wollte sie das zeigen – und den entsprechenden Männern. Nett von ihr. Danke.

Man meint fast, ihr Parfüm zu riechen, wenn sie auf dem Bildschirm zu sehen ist. Es ist die Haltung, der Stolz, der Charme. Alles Dinge, die jedem Alter zur Verfügung stehen und die jede Frau schöner machen.

Ich habe mir den Wunsch abgewöhnt, für jünger gehalten zu werden. Was heißt das denn, wenn einer sagt: »Was, 52 schon? Das hätte ich jetzt aber nicht gedacht.« Klar frohlockt man einen Augenblick. Denn es heißt, ich wirke gepflegt, gut drauf, eben attraktiv. Aber jung?

Das heißt doch auch: In *dem* Alter hast du schrumpelig oder fett zu sein, oder wenigstens blöd angezogen, jedenfalls nicht in coolen Stiefeln und mit toller Handtasche über die Straßen zu federn. Wie man es der britischen Hirnforscherin Prof. Susan Greenfield vorwirft, die mit 56 lange, blonde Haare, Plateau-Stiefel und kurzen Rock trägt – was ihr ausgezeichnet steht und ihrer wissenschaftlichen Leistung keinerlei Abbruch tut. Aber sie provoziert mit ihrer Schönheit die alten Männer, die ihre Kollegen sind. Sexy dürfen ihre Studentinnen sein, eine hoch dekorierte Gelehrte Jahrgang 1950 – sie wurde von der Queen geadelt – hat ihre Weiblichkeit zu verstecken. Sie denkt nicht dran und lacht.

Ich bin dafür, das Alter zu akzeptieren *und* so gut auszusehen, wie es eben möglich ist. Es ist schwer, uns ein Kompliment zu machen, leicht rutscht denen, die es versuchen, raus: Für dein Alter sieht du toll aus, für dein Alter bist du top angezogen. Hm. Was soll das denn eigentlich heißen? Dasselbe wie: Von dir hätten wir eigentlich erwartet, dass du jetzt langsam unsichtbar wirst, deine alten Klamotten aufträgst und den Weg freimachst für die nächsten Jahrgänge. Wieso sollten wir? Geht es um die Konzentration von Östrogen im Blut oder um Persönlichkeit?

In Wahrheit ist es doch so: Alles hat seine Zeit. Die Mütterlichkeit und die pralle, saftige Jugend liegen hinter uns. Jetzt kommen gute, unabhängige Jahre, in denen wir schön weiblich sein können, ohne Mutterschaft heraufzubeschwören. Männer werden sich dran gewöhnen und die klugen unter ihnen wissen es schon. Ihre Traumfrau kann durchaus über 50 sein. Kommt eben drauf an, wovon sie träumen. Von Pampers oder von Erotik?

Schönheit – kein Wahn

63 Prozent der Frauen finden Schönheit sehr wichtig. In jedem Alter. Alle versuchen, die eigenen Vorzüge zu betonen, die Nachteile zu vertuschen, das Beste aus sich zu machen. Jenseits seltener, atemberaubender Schönheit, wie sie manche Models und Schauspielerinnen besitzen, gibt es unendlich viele Spielarten der Schönheit. Wer die seine erkannt hat und selbstbewusst vorträgt, gewinnt im Älterwerden immer mehr von dem, was schön macht.

Was in der Jugend der Schmelz ist, ist bei Älteren eine unverwechselbare Mischung aus Coolness, Individualität, Souveränität, Erfahrung. Ein Zucken der Augenbraue, ein wissendes Lächeln, ein schwungvoller Gang – und schon steht eine Frau vor uns, die um vieles reizvoller ist als eine, die Angst hat, nicht schön genug zu sein. Wir Fiftys haben alle Chancen, mit unserer Schönheit zu punkten: Sie kann einfach nicht mehr perfekt sein, also werden wir lässiger, gelöster, lockerer – und damit schöner. Das entsetzlich anstrengende Bemühen um Bestnoten in der harten Konkurrenz – das lassen wir wegen Chancenlosigkeit sausen. Wir sind 50 und damit nicht mehr neu. Ins Kampfgetümmel um männliche Bewunderung sollen sich die armen Dreißiger stürzen, bis sie begreifen, was wir nun begriffen haben: Schönheit ist eine Frage des Charakters. Und hat auch eine Menge mit Intelligenz und Humor zu tun. Das sind die Faktoren, die unser Gesicht formen, wenn es eine Menge Leben kennt. Nicht Tages- und Nachtcremes sind für lang anhaltende Schönheit zuständig, sondern das Leben selbst. Haben wir was zu lachen, haben wir ein gutes Verhältnis zu uns selbst? Genießen wir Entspannung, Erotik, Natur? Gönnen wir uns Genüsse, inklusive Schönheits-Ritualen, Kosmetikerin, Friseur, Yoga, Waldlauf? Sind wir dankbar und gut gelaunt? Das alles macht schön, gibt Kontur, hält unsere Züge straff und unsere Lippen kussbereit.

Feinde auslachen

Alles, was die Mundwinkel runterzieht, ist unser Feind. Alles, was dick macht, ist unser Feind. Älterwerden ist schwierig genug, da brauchen wir dringend was zu lachen. Blutdruckmesser und André-Rieu-CDs sind der Feind, wenn sie bei Amazon.de als Weihnachtgeschenk extra für 50-Jährige empfohlen werden. Hersteller, die Windelwerbung und Treppenlifte bei Frauenmagazinen ab 40 platzieren wollen, sind Feinde. Grässlich, wenn Werbeleute nicht differenzieren, wenn für sie die Sparte »Senioren« ab 50 beginnt. Wer 50 ist, fühlt sich abgestoßen. Über diese Strategien kann man nur mitleidig lächeln. Wer uns vergrault, macht Miese.

Wie Frauen von 50plus drauf sind, zeigen solche Erhebungen: Nur 12,6 Prozent fühlen sich dem Alter entsprechend. 43,7 Prozent fühlen sich fünf Jahre jünger, 40,5 Prozent sogar zehn Jahre jünger. Das mag daran liegen, dass sie für diese Jahre mit Schlimmerem gerechnet haben und nun angenehm enttäuscht sind. Trotzdem, der Trend zeigt, was auch die Werbung endlich herausgefunden hat: Die 50plus-Generation verfügt nicht nur über viermal mehr Geld als der Durchschnittsbürger, Fünfziger sind der Mega-Trend. Sie kaufen für sich, für ihre Kinder und Enkel und für ihre hoch betagten Eltern.

Sebastian Turner, Vorstandsvorsitzender von Scholz und Friends, der renommierten Werbeagentur in Hamburg und Berlin, weiß: »Die Älteren sind young at heart, verhalten sich unverkrampft und jugendlich.« Seine Agentur hat einen Spot gedreht: ein Paar über 60, nackt am Strand – kam super an. Bei Jungen wie bei Alten. »Wir können nicht mehr nach Generationen gehen, das ist mittlerweile viel differenzierter.«

Schon entstehen neue Jobs: Senioren-Scouts, die sich die Welt aus den Augen der Älteren anschauen und den Herstellern und Marketing-Experten über ihr Konsumverhalten berichten. Senior-Model-Agenturen, Senior-Werbeagenturen werden gegründet.

Die Klischees verschwinden, so der Werbe-Experte: Der Opa im Ohrensessel, der gütig-dämlich olle Kamellen erzählt ... die Schwiegermutter, die die Frau des Sohnes nach der Kaffeesorte beurteilt ... Das läuft nicht mehr. »Die Alten werden nicht mehr als Deppen vorgeführt.« Wo doch: Pech für die Urheber. Beim Thema »Seniorenreisen« auf der Internationalen Tourismusbörse in Berlin kam kein einziger Kunde, denn keiner der Reiselustigen fühlte sich als Senior treffend angesprochen.

Wer also mit uns Geschäfte machen will, darf nicht vergessen: Wir sind die Stones-Generation. André Rieu ist Geschmackssache, quer durch die Jahrgänge. Wer uns Best Agers und Master Consumers nennt, muss künftig noch genauer hinsehen.

Ein Vergleich der Bonner Universität von Werbeanzeigen im Jahr 2004 mit zwei Anzeigenstudien aus den 70er- und 80er-Jahren ergab: Viel hat sich bisher nicht geändert. Fast alle Anzeigen, die sich direkt an ältere Kunden wenden (92,2 Prozent), werben für *medizinische* Produkte. Die Botschaften in Text und Bild klaffen dabei auseinander. Die Werbeomis sehen fit und gut aus, aber ihnen werden stereotype

Altersbeschwerden angehängt: Arthrose, Konzentrationsschwäche. Allerdings vermitteln nur noch 17 Prozent ein negatives Altersbild. Haarausfall, Inkontinenz, Falten – darum geht's, wenn Ältere direkt angesprochen sind. Erscheinungen, die zwar im Alter vermehrt auftreten, aber nicht notwendig ans Alter gebunden sind. Diese Werbestrategie macht Angst. Alten und Jungen. Natürlich drängen Windelhersteller für kranke Erwachsene und Pillenproduzenten auf den Markt, aber sie sollten aufpassen und nicht Frauen ab 50 mit ihren Horrorszenarien vergrätzen. Wenn »Brigitte woman« für Frauen ab 40, die sehr gern von 50-Jährigen gelesen wird, schon mit Windelwerbung überschüttet wird (die sie natürlich nicht druckt), dann muss in den Köpfen der Marketingleute etwas nicht ganz richtig ticken. Das ist nicht nur taktlos, sondern auch geschäftsschädigend. Da bekommt man Wut, und solange man sich die Hersteller aussuchen kann, bei denen man verwandte Produkte bezieht, wird man die plumpsten meiden. Das ist das Mindeste an Rache, die sie verdient haben.

Wir brauchen keine Treppenlifte und Windeln. Wir sind fit, sexy und erotisch, verrückt und unternehmungslustig. Wachsende Reife zeigt sich darin, dass wir ausscheren und machen, was wir wollen. Wir bedienen uns stilistisch, wo wir wollen, blättern im Magazin, aber der Friseurin sagen wir niemals: So, bitte, wie es Britney Spears hat. Nur mal als Beispiel. Wir wissen nämlich selbst, was gut aussieht. Wir sind die wahren Freaks. Und unser langes Jungbleiben treibt manche Junge vor uns her – auf der Suche nach einer Nische, die sie für sich allein haben können. Das tut uns leid, wir können es aber nicht ändern.

Allerdings müssen wir aufpassen, dass kein neuer Druck entsteht: gut aussehende, vitale, gesellschaftlich aktive, integrierte, finanziell gesicherte, mobile, flexible Ältere – davon gibt es inzwischen viele. Aber so ein neues Leitbild der Alten darf nicht zum Dauerstress ausarten und denjenigen, die auf Hilfe angewiesen sind, Druck machen, sie gar zu den neuen Außenseitern stempeln.

Es geht um ein neues Bild von uns selbst. Nicht jünger aussehen ist wichtig, sondern gut aussehen und sich gut fühlen. Dazu brauchen wir keine Zuweisungen: So ist 40, so ist 50. Und wenn wir besser erhalten sind als geplant, dann macht man uns ein so genanntes Kompliment, das unser Alter leugnet.

Niemand anders als wir selbst kann ein neues Bild von uns prägen. Was wir optisch über uns mitteilen, das entscheiden wir. Wer sich auf Falten, Fett und Hitzewallungen reduzieren lässt, ist selbst schuld und zieht die ganze Innung mit runter. Auch die Vorbereitung auf die Wechseljahre ist kein Thema, das uns als Erstes einfallen sollte, wenn wir an 50-Jährige denken. Reife Frau – das darf nicht nach Bluten, Schrumpeln und Hinken klingen. Sondern nach der Coolness, die dazugehört, lange gut drauf zu sein. Vielleicht wäre es gut, ab und zu mal zu denken: Ich bin 52. Na und? Ihr könnt mich mal! Dann setzt man ein weises Grinsen auf. Und kauft sich einen Kapuzenpulli, Jeans und Wildlederstiefel.

Schön im Schlaf

Natürlich nützt es wenig, sich jeden Tag einzureden, wie schön man doch ist, wenn das nichts als Pfeifen im Wald bleibt. Zu der Überzeugung, dass unser Jahrgang nicht das Aus für weibliche Attraktivität sein muss, gehört auch: Was tun! Alle vier Wochen Kosmetik – muss sein. Massagen durchbluten und straffen, wir lernen die sich verändernden Bedürfnisse der Haut besser kennen, wenn eine gute Kosmetikerin uns begleitet und berät. Und neue Entwicklungen am Kosmetikmarkt gehen nicht an uns vorüber, wenn es um Faltenbekämpfung und Pigmentveränderungen geht. Wir wissen ja, dass es keine Wundermittel zum Auftragen gibt, aber ein bisschen verwöhnen muss auch sein, fürs Wohlgefühl. 95 Prozent aller Frauen sagen, sie fühlen sich selbstsicherer und wohler, wenn sie sich pflegen. Allein das hebt Stimmung und Ausstrahlung. Alle vier bis sechs Wochen zum Friseur – genauso wichtig. Auch wenn wir glauben, unseren Schnitt gefunden zu haben, die Haare danken es, wenn sie die Spitzen geschnitten bekommen, die Friseurin berät mit Pflegetipps für ermüdendes Haar.

Guter Schlaf, genug Entspannung werden jetzt für gutes Aussehen immer wichtiger. Wir können entspannende Musik dafür einsetzen: meditative Klänge mit Panflöte, Barockmusik, eher in Moll als in Dur, senken die Stresshormone im Körper um 20 Prozent, sagen Experten. Blutdruck und Puls sinken, die Atmung wird tiefer, die Muskulatur lockert sich. Dafür brauchen wir wenig Zeit – geht auch beim Autofahren, wenn wir nicht übermüdet sind.

Guter Schlaf ist für gutes Aussehen entscheidend, das hat jede schon vor dem Spiegel gemerkt. Die Hautregeneration läuft im Schlaf auf Hochtouren – genau was wir brauchen. Allerdings hat man mit 40 ein Viertel weniger Tiefschlaf als mit 20, und ab 45 wacht man doppelt so oft auf. Die Schlafqualität sinkt also – das ist normal und kein Grund, sich aufzuregen. Reagieren wir gelassen. Gehen zeitiger zu Bett, leugnen nicht die Müdigkeit, die wir früher verscheucht haben, weil noch so viel zu erledigen oder zu erleben war. Schlaf ist jetzt ein Wert an sich und keine lästige Pause zwischen wichtigeren Dingen. Tagesstress, der das Einschlafen erschwert, können wir bewusst ausschalten lernen – mit Meditationsübungen, einem Aroma-Öl-Bad oder progressiver Muskelentspannung. Schlaftabletten bringen in der Regel nicht den gesunden Tiefschlaf, sie narkotisieren eher und lassen die wichtigen Traumphasen wegfallen. Ratgeber halten Einschlafrituale bereit: vom Yogi-Tee bis zur Rückenwiege. Egal, was uns gefällt, wir gönnen uns eine neue Einstellung zum Schlaf, die kostet nichts und bringt viel.

Unters Messer?

Da scheiden sich die Geister fast genau in der Mitte. Nur knapp über die Hälfte aller Frauen würde eine Schönheits-OP machen lassen. Die andere Hälfte setzt auf gesunden Lebensstil, Kosmetik und Sport. Sicher haben beide Fraktionen für sich Recht. Gegen die OP sprechen die hohen Kosten, die bekannten Risiken, dass das Ergebnis nicht den Erwartungen entspricht, die Angst vor Schmerzen und langwieriger Heilung. Für eine OP spricht der oft schnelle Erfolg. Über Nacht lästige Falten, Hängepartien oder Fett weg, fehlendes Gewebe aufgepolstert – das besticht. Trotzdem bleibt ein Argument der Psychologen unterm Strich: Wer sich nicht annehmen kann, wie er (geworden) ist, wird mit Sicherheit auch nach einer verschönernden OP unzufrieden mit sich sein. Viele werden deswegen süchtig nach immer weiteren Verbesserungen. Falten verdampfen, Fett absaugen, Pigmentflecken weglasern – das sind keine Kleinigkeiten, das sind große Eingriffe. In Deutschland gibt es keine verbindlichen Qualitätskontrollen für Schönheits-Operationen und die Ausbildung der Ärzte dafür ist nicht geregelt. Jeder Arzt kann ohne chirurgische oder dermatologische Zusatzausbildung nach kurzer Einführung durch einen Hersteller ein so genanntes Laserzentrum gründen und drauflosiasern. Verantwortungslose Pfuscher kommen oft ungeschoren davon. Was jede wissen muss, die sich per OP einen strafferen Busen wünscht: Nach zehn Jahren erlischt die Herstellergarantie und die Implantate müssen raus! Solche Eingriffe sind also allesamt riskant. Gesunde Lebensweise und gute Laune sind einfach in Sachen Schönheit durch nichts zu ersetzen!

Schön genug für die Liebe

Neulich komme ich ins Wohnzimmer meiner Freundin, und sie hat Besuch. Wir sind zusammen in diesem Zimmer über 150 Jahre alt und schnell beim Thema, das Monika, die

Dritte im Bunde, aufbringt: »Es klappt nicht mehr«, sagt sie. Und erläutert auf meine Frage: »Die Männer gucken nicht mehr, es ist so gemein.« Es gibt ja diese Theorie von den »schwarzen Frauen«, von den unsichtbaren Frauen in der Menopause. Angeblich riechen Frauen, die nicht mehr fruchtbar sind, anders. Das mag ja alles sein. Aber sehr beeindruckend sind diese Theorien nicht. Dazu ein Satz von Alice Schwarzer: »Der Wert einer Frau hängt heute nicht mehr so zentral von der Mutterschaft ab und damit auch nicht mehr von ihrer Fruchtbarkeit.« Es ist an uns, die Legende von der erotischen Tarnkappe zu enttarnen – indem wir sie einfach ablegen. Untersuchungen besagen, dass nur noch die Hälfte aller Frauen ab 40 Sex haben, aber was sagt diese traurige Zahl? Dass wir dann eben zur anderen Hälfte gehören wollen! Auch hier gilt: Ist das Glas halb voll oder halb leer?

Monika ist pessimistisch, sie erzählt, was für eine Schönheit sie war mit Kleidergröße 36 und vollem schwarzem Haar. Ich glaube es sofort. Denn sie ist immer noch schön, mit Kleidergröße 42 und dichtem braun gefärbtem Haar. Ich mache ihr ein Kompliment für ihre Kette aus dicken Türkisen, die ihrem Teint schmeichelt. Sie seufzt. Wir reden über die Blicke und Komplimente der Männer. Stimmt es wirklich? Bleiben sie aus? Oder gucken wir nicht einfach immer nur in die falsche Richtung? Eine Kollegin in Hamburg, die ihren Fünfzigsten feierte, als ich zehn Jahre jünger war, hat damals zu mir gesagt: »Weißt du, es ist nicht so, dass Männer sich nicht mehr für mich interessieren. Es sind nur andere Männer, die mich ins Auge fassen.« Das fand ich tröstlich. Und ich machte mir keine weiteren Gedanken. Schließlich kommt es ja viel mehr darauf an, wen *wir* ins Auge fassen.

Über die Phase, in der möglichst viele anerkennende Blicke uns den eigenen Wert bestätigten, sollten wir ab 40 spätestens hinaus sein. Theoretisch jedenfalls. Wenn man sich eines Tages lahm und grau fühlt, könnte ein anerkennender Blick natürlich Wunder wirken. Aber so ist das Leben eben nicht. Erst müssen wir uns nicht mehr lahm und grau fühlen, dann bekommen wir, was wir vorher so dringend gebraucht hätten.

Und das ist mit 30 nicht anders gewesen. Mit dem einen Unterschied: Einer Dreißigjährigen sieht man ihre lahmen und grauen Phasen nicht sofort an. Es kann sein, dass sie ihre innere Verzweiflung länger überspielt, da der Teint und der Gang naturgemäß nicht gleich lasch werden. Einzige Schlussfolgerung: Ältersein ist anstrengender. Frust, Mutlosigkeit, lahme Phasen machen uns so alt, wie wir eben sind. Und mit Anerkennung dafür können wir nicht rechnen – jedenfalls nicht von fremden Männern auf der Straße!

Jüngere, das stimmt, haben oft, nicht immer, die hübschere Fassade. Aber sie müssen noch lange auf die Weide, ehe sie uns in Gefühlsdingen das Wasser reichen können. Ausgleichende Gerechtigkeit.

Man kann es nicht oft genug betonen: Männer, die das nicht sehen, brauchen wir nicht. Ihr Desinteresse kann uns nicht kränken. Sie sind einfach noch nicht so weit, sie müssen sich an der Jugend abarbeiten, sie haben andere Themen im Kopf oder Themen an anderen Stellen – und das ist ihr gutes Recht. Lassen wir die also links liegen. Und wenden wir uns unseren ganz besonderen Werten zu. Dann wenden sich auch die geeigneten Gefährten uns zu.

Niemand sieht uns mehr, sagen manche Frauen, an ihren Sehnsüchten mutlos geworden. Ich widerspreche: »Doch, ich, ich sehe mich.« Und manchmal finde ich mich sogar toll, oft nicht, aber immerhin manchmal. Ich präge mir diese Momente ein und zehre von ihnen, wenn das innere Feuer ab und an nachlässt. Und das hat, ehrlich gesagt, für mich wenig mit den Komplimenten irgendeines Mannes zu tun, der mich meistens eigentlich überhaupt nicht interessiert.

Das war schon immer so. Ich habe ausgewählt, ich habe die Initiative ergriffen, wer nicht in meinem Blickfeld war, konnte in der Kantine vor meinem Tisch Kopfstand machen – ich hätte es nicht wahrgenommen. So fiel mir das Nachlassen der allgemeinen Suchblicke der Männer gar nicht richtig auf. Und sie fehlen mir auch nicht. Eine ganz andere Erfahrung ist wichtig: Wenn ich aktiv jemanden ins Auge fasse, klappt es meist immer noch. Um ehrlich zu sein: Ich mache mich nicht an die umlagerten Männerschönheiten heran und auch nicht an die auffällig guten Partien. Das war aber auch schon immer so, auch da fühle ich keine nennenswerten Verluste. Auch habe ich mich nie auf Figur und Augenfunkeln verlassen, sondern auf den Gesamtauftritt – zu dem immer das gute Gespräch gehörte. Wer mir gefällt, ist eher gleichwertig mit mir, etwa gleich alt, ruhig etwas jünger, etwa gleich fit im Kopf und in den Gliedern. Etwas Geheimnisvolles sollte er haben, eine Aura, und viel Eigenständigkeit. Mami bin ich nur für meine Kinder. Männer müssen sich selbst Schuhe kaufen und Koffer packen.

Ich habe solche Männer immer wieder im Leben getroffen. Und daran hat sich bis heute nicht viel geändert. Der Letzte, den ich traf und der bei mir bleiben wollte, hatte gerade eine Ehe mit einer 29-Jährigen hinter sich. Er war froh, dass ich nicht 29 bin, dass ich ihn nicht so alt aussehen lasse, wie er sich zuletzt gefühlt hat. Und er genießt es, dass ich trotzdem laut lache und manchmal durchgeknallt bin wie eine Junge. Das macht Spaß.

Was also sollen begehrliche Blicke Fremder schon bringen? Bestätigung, die ich mir selbst nicht geben kann? Schutz vor gnadenloser Selbstkritik?

Wer sich von Männern nicht mehr gesehen fühlt, dem fehlt etwas ganz anderes. Darüber nachzudenken, lohnt sich. Denn das vorauseilende »Ihr wollt mich ja doch nicht mehr« wirkt niederschmetternd: Alle glauben es sofort. Nichtmehrjung ist ein Kollektivurteil. Von uns selbst gemacht. Das muss nicht so bleiben.

Wer Männer als »alte geile Säcke« beschimpft, wie ich es erlebt habe, weil sie nach jungen Jeanshintern gucken, setzt sich selbst ins Aus. Gucken wir Frauen nicht nach gut gewachsenen jungen Männern? Und ist es nicht wie das Betrachten eines schönen Bildes? Warum soll es Männern nicht genauso gehen? Wer sagt denn, dass sie mit denen, die sie auf der Straße angaffen, wirklich was anfangen würden, wenn sie dürften? Vielleicht hätten sie genauso Schiss davor, die Hüllen fallen zu lassen, wie wir. Hinzu kommt, dass sie dann noch in Vorleistung gehen müssen, mit »malerisch im günstigsten Licht hinlegen« kommen sie ja nicht weit. Wer wüsste das besser als ein Mann, der es schon 30 Jahre mit uns Frauen treibt?

Vielleicht ist die Botschaft ja die: Ich wünsche mir den Kick einer neuen Verliebtheit, aber ich will auch mein altes Leben nicht gefährden. Planschen, ohne nass zu werden. Theoretisches Prickeln. Ist das wirklich lebenswichtig? Es hat auch Vorteile, dass wir nicht mehr jedem gefallen. Wir brauchen keine Rücksicht zu nehmen, können sagen, was wir denken, auch Nein sagen, ohne Angst vor Verachtung, und Ja sagen, ohne die Hoffnung auf Ewigkeit. Der Katalog mit den Tabus schrumpft im Alter. Es tauchen immer mehr Kleidungsstücke (Träger-Tops, Minis) darin auf, aber andere, wesentlichere verschwinden. Wir können uns daneben benehmen, wir müssen wirklich nicht mehr jedem gefallen. Wir bestimmen unseren Auftritt und das Echo selbst. Manchmal sitze ich in einer Party-Gesellschaft und bin still – früher undenkbar, ich musste ja jede Chance nutzen, auf mich aufmerksam zu machen und Punkte zu sammeln. Jetzt genieße ich es, nichts zu wollen. Und genau dann kommt ein interessantes Gespräch auf mich zu, durchaus auch mit einem netten Mann, und ich vergesse jegliches Aussehen und vertiefe mich in Religion oder Tagespolitik, in Theatergeschichte oder Kindererziehung. Was auch immer gerade spannend ist. Partys ohne Anmache sind befriedigender geworden. Und der Gedanke, dass ich optisch durchgefallen bin, der kam mir nach einer angeregten Diskussion noch nie. Damals, als ich das schärfste Outfit und die tollste Figur haben wollte, gab es diese Zweifel ständig.

Als Frau mittleren Alters bist du zweite Wahl, sagen manche, weil sie auf einer Party von einer grazilen Jungen ausgestochen worden sind. Mal ehrlich, ist das so furchtbar? Ist das früher nie passiert? Dass eine andere schöner ist, das kennen wir doch. Nur jetzt beziehen wir alles, was uns geschieht, aufs Alter. Grober Unfug. Wer sich davon nicht frei macht, kriegt schlechte Laune – das Gegenteil von Schönheitspflege.

Den ersten Stich in dieser Richtung habe ich erlebt, als ich in der Bahn ein küssendes Pärchen sah. Und dachte: Mein Gott, die könnten meine Kinder sein und knutschen hier wie die Großen. Rührung stieg in mir auf. Dieses Oma-Gefühl habe ich inzwischen erfolgreich bekämpft. Rührung ist etwas für alte Schachteln mit Spitzentaschentuch. Alles ganz normal: Die nächste Generation ist reif für die Liebe. Und die übernächste auch. Der Reigen geht weiter. Wie schön. Da stehen wir drüber und zugleich mittendrin, wünschen viel Glück und freuen uns an unbeschwerter jugendlicher Schönheit. Mit der eigenen Tochter konkurrieren – sinnlos!

Uns von Männern auf der Straße Punkte zu holen genauso. Weil nun mal die jüngere Konkurrenz immer größer wird. Wenn's nur ums Glotzen geht, holen andere jetzt die Punkte. Das war's dann aber auch schon.

Erotik ist alterslos

Du siehst dich im Spiegel und siehst eine andere. Das bist nicht du, zu viele Rundungen, Schatten unter den Augen, leichte Resignation im Blick. Dann siehst du genauer hin.

Der Schmelz ist weg, aber du bist, was du fühlst. Das pralle Leben voller Erfahrung, der Übermut, die Sinnlichkeit, der leise Spott für das ach so ernste Leben. Die Selbstironie und der Humor, mit dem der Alltag seinen Sahnesoßenüberzug bekommt. Und schon siehst du dich wohlwollend. Dein Haar glänzt zum Beispiel frisch geschnitten, vielleicht hast du dir die Zähne bleichen lassen, sie strahlen gesund, deine Augen lächeln wissend, deine Mundwinkel ziehen sich nach oben, weil du dir gefällst. Du bist ein Vollweib. Nicht mehr jung, längst nicht alt. Erotisch gesehen in den besten Jahren.

Diese Erotik ist ein Schwebezustand zwischen uns und der Welt. Sie ist vielleicht *der* Motor, stärker noch als der Fortpflanzungstrieb, wir kennen sie auch ohne Sex und geschlechtliche Partnerschaft. Das macht Erotik alterslos. Wir sehen es an schönen, alten Gesichtern, sie haben Erotik. Seit 2003 wird in Berlin eine Miss Senior gewählt – die erste war 80 und stach einige Jüngere aus.

Erotik ist Leben, ist Kraft, ist Bewegung, eine Ahnung des Unmöglichen, die Hoffnung auf Unvergänglichkeit, Erotik kann in jedem Moment liegen, den wir als beseligend wahrnehmen, indem wir uns ganz und rund und richtig fühlen – weshalb, wer den Draht ganz zu ihr verliert, schon im Vorzimmer des Elends angekommen ist. Wo aber die kostbarste aller Energiequellen versiegt, finden Krankheit und Schwermut leicht Platz. Ein Grund vielleicht auch, weshalb manche größere Selbstheilungskräfte haben als andere. Kontakt zu den eigenen erotischen Lebensgeistern ist ein Baustein der Gesundheit. Liebe zu sich selbst lässt diesen Kontakt nie abreißen. Übrigens: Optimismus, sogar unbegründeter, macht Menschen anziehender als negative Grübelei. Allein schon wegen der Mundwinkel, die dabei nicht so sehr der Schwerkraft folgen.

Mode für uns

Knapp die Hälfte der Kaufkraft aller erwachsenen Deutschen haben die über 50-Jährigen. Klar, dass Modehäuser uns wollen. Aber sie wissen nicht, wie sie wirklich an uns herankommen. Nicht wir sind die Dummen, die in der Klamotten-Abteilung nichts finden, zu dick sind oder zu ahnungslos. Nein, es sind die Hersteller und Händler, die sich immer noch nicht auf uns einstellen können. Sie sind unsicher, hilflos. Sie nennen uns im Fach-Jargon, wenn sie einkaufen und Kollektionen anbieten, Best Ager.

Aber sie sind sich nicht mal einig, was denn ein Best Ager ist, und wissen schon gar nicht, was er trägt. Frauen ab 50 sind die Best Ager, sagt Michael Feigl aus einem Modehaus in Speyer: »Leider werden sie oft automatisch mit Größe 48 und unmodern in Verbindung gebracht.« Ein anderer Branchen-Kenner aus Köln sagt: »Altersmäßig kann man die Best Ager gar nicht klar definieren. Es gibt 30-Jährige, die sich wie eine 60-Jährige kleiden, und umgekehrt.« Zu den so genannten Klassik-Lieferanten zählen Marken wie Basler, Delmod, Frankenwälder, Gerry Weber. Aber die Händler werfen ihnen vor, nicht modern genug zu sein. Die Kundschaft will mehr Coolness, trotz Klassik. Händler erweitern ihr Angebot für die Best Agers durch »jüngere« Kollektionen wie Betty Barclay, Taifun, Apriori.

Problematisch sind trotz der Kaufkraft und der modischen Wachheit der Fiftys die Größenspiegel. Manche Marken führen nur bis 44, um keinen Imageverlust zu erleiden. Aber selbst Frauen, die 46 tragen, wollen sich nicht in der unmodischen Klassik verstecken, sagen Einkäufer und Händler.

Die Folge: Best Ager weichen aus. Sie kaufen ein in Modern-Woman-Abteilungen und sogar auf Young-Fashion-Flächen, wie das Fachblatt »Textilwirtschaft« ein wenig unglücklich schreibt. Dort finden wir Mexx-Pullis, Esprit-Shirts, S.Oliver-Jacken, also all die modischen Basics mit dem jüngeren Touch, die unser Outfit aktuell machen. Die kosten auch nicht so viel. Warum die anderen Hersteller sich unsere Kreditkarten entgehen lassen, bleibt ein Rätsel. Die so genannte moderne Klassik wird auch geboten von Marken wie Zara und Mango – allerdings auch nur in schlanken Größen. Wer dort mit 50 und höchstens Größe 40 durch die Gänge streift, fühlt sich aber akzeptiert und angesprochen. Insgesamt spricht die Branche von einem Modernisierungsschub, der für die kaufkräftigen, anspruchsvollen, höheren Jahrgänge notwendig ist. Wir können schieben helfen – so lange kaufen wir bei H&M und Esprit.

Es ist leider wahr: Manche Klamotten passen uns nicht mehr. Die Designerschnitte von heute sind in großen Größen nicht tragbar, sagt der Leiter eines Düsseldorfer Modehauses bedauernd. Er meint Größe 40 und 42. Große Größen? Da braucht man ja nur über 170 zu sein, dann muss es meist schon die 40 sein, auch wenn es keine überflüssigen Pfunde auf dem Bauch gibt. Eine Society-Dame klagt in der Zeitung, sie und ihre Jahrgänge hätten die großen Luxusmarken erst reich gemacht, und jetzt dürften sie nicht mehr mitfahren im »bunten Karussell, das so viel Spaß machte«. Jil Sander, Karl Lagerfeld, Armani, Gucci – sie entwerfen hauptsächlich Mode für »kleine Lolitas«. Sagt die Fachfrau. Mode für Erwachsene mit normalen weiblichen Maßen sei schwer zu finden, sagen modisch Frustrierte.

Es ist wahr, es gibt immer mehr Fummel, die unsereins nicht tragen kann. Und zwar aus verschiedensten Gründen, oft weil sie uns stilistisch nicht gefallen, weil zu viel Rüschen, zu wenig Klarheit, zu viel Muster, zu wenig Qualität.

Je älter wir werden, desto genauer müssen wir uns in der Mode auskennen – um das Falsche kritisch auszusortieren. Trägertops sind kein Thema, kurze Säume auch nicht. Sie lenken die Blicke dahin, wo wir sie nicht haben wollen. Oberarme und Knie allerdings als Problemzonen zu bezeichnen, ist auch nicht eben fein. Wir brauchen sie schließlich und sollten sie nicht verleugnen. Aber zeigen müssen wir sie nicht jedem. Es ist übrigens anders, wenn wir einen Badeanzug oder gar nichts anhaben, dann entsteht ein Gesamteindruck und nicht der unliebsame Fokus auf unliebsame Dellen.

Wer all diesen Konflikten aus dem Weg gehen will, hat zwei Optionen: ganz schlichte oder sehr teure Kleidung. Cool und lässig, also eher jung, ist immer der Casual-Stil. Sneakers, Jeans und Shirts aller Art, darüber lockere Jacken, dazu derbe Gürtel und eine tolle große Tasche, die ruhig etwas teurer aussehen darf – fertig ist das selbstbewusste Outfit einer aktiven Frau in den Fiftys. Im Business ist es der möglichst edle Hosenanzug zu topaktuellen Schuhen, der uns lässig ankommen lässt. Nichts ist so altbacken wie die ausgelatschten flachen Schuhe der vorletzten Saison. Bei Schuhen sind wir anspruchsvoll – das Bequeme muss nicht unbedingt gleich zu sehen sein.

Und wenn die hohen Hacken die Knie quälen, geht man zu Görtz 17 und holt sich hippe, aber bequeme Ballerinas. Die goldenen Highheels, die ich für eine heiße Ballnacht aufbewahrt habe, edle Teile, die meine Mutter einmal in den Achtzigern zu Silvester trug, hat sich meine Tochter jetzt aus dem Kartonstapel gefischt. Die trägt sie auf Partys, sehr süß.

Kein Mensch zwingt uns jetzt mehr eine Mode auf, die wir nicht tragen wollen. Die Mode ist ein Spiel geworden – Glück für uns. Als wir jung waren, gab es nur *eine* akzeptierte Rocklänge. Mini. Pech für alle, die älter als 30 waren und keine langen, dünnen Beine hatten. Jetzt hängen bei Mango, Esprit, H&M Röcke in allen Längen und alle sind sie in. Super für uns! Jetzt entscheiden der gute Geschmack und die eigene Figur. Allmählich haben die Modemacher erkannt, dass ihre Klamotten von 16 bis 65 passen müssen. Und sie fangen langsam an, ältere Bauarten zu vermessen. So genannte Textilforscher haben sich Gedanken darüber gemacht, dass Frauen ab einem bestimmten Alter die Wahl hätten zwischen »altbackener, klassischer Großmutter-Mode oder unpassend jugendlicher Kleidung«. So die Textilforscherin Elfriede Kirchdörfer aus Bönnigheim. Sie will mit ihrem Team und einem Body-Scanner herausfinden, was genau sich an der Figur ab 40 verändert. 800 Frauen sollen vermessen und befragt werden, um die Passform moderner Kleidung auch für über 40-Jährige zu verbessern. Die Umsetzung der Erkenntnisse kann dauern. Aber sie wird unumgänglich sein – sonst werden einige Hersteller pleitegehen, weil sie nicht mehr an unser Geld herankommen.

Improvisieren und experimentieren

Jeans bei Esprit zum Beispiel passen auch auf Frauenhüften, nicht nur auf Kinderknochen. Auch H&M profitiert davon, dass hier alle Generationen etwas finden. Manchmal wird darüber gelächelt, wenn wir in die Jugend-Domänen eindringen. Aber was bleibt uns übrig? Es muss uns egal sein, dass manche Jungen vielleicht ein Identifikationsproblem bekommen, weil wir ihre Mode kaufen. Und was sollen sie nun anziehen, um sich von uns abzugrenzen? Darauf können wir keine Rücksicht nehmen. Schließlich sehen dieselben Sachen bei ihnen immer noch anders aus. Außerdem picken wir uns ja hoffentlich nur das heraus, was wirklich für uns stimmt. Romantische Röcke mit Volants und Stufen in schönen schillernden Materialien beispielsweise, das hatten wir schon mal, das steht uns jetzt wieder – formt auch wunderbar gewisse Rundungen. Deswegen muss es eben kein durchsichtiges Top sein, das den Rock komplettiert. Solche Einschränkungen verderben uns nicht den Spaß an der Mode. Schön, wenn man eine hübsche Tochter hat – die kann alles anziehen, was uns nicht schmeichelt. Ich bummle durch die Läden und sehe Witziges, Gewagtes, was ich nicht tragen würde, was aber ihr stehen könnte. Und dicht daneben das, was für mich in Frage kommt. Natürlich sind es verschiedene Ausführungen ähnlicher Stile – im selben Laden. Sie bekommt den Gürtel mit den Kordeln und Muscheln, ich den mit der edlen Schnalle.

Es ist sicher eine Typ-Frage, aber ich habe die Erfahrung gemacht, dass Feinmachen alt aussieht. Mit 30 habe ich Kostüm und Perlenkette durchaus eingesetzt, wenn ich Lust dazu hatte. Es hat veredelt. Jetzt sind schon Perlenstecker ein Irrtum. Weniger ist mehr – gerade bei den reiferen Damen. Damesein ist manchmal riskant. Wer nicht gerade die Grandezza einer Christiane Hörbiger hat, kommt schnell in die Nähe der Matrone oder der hochmütigen Lady. Gepaart mit blutjungem Teint ist das alles sehr süß. Für die Fiftys ist frischer Stil günstiger. Nichts macht so alt wie die Mode von gestern. Wir sind verpflichtet, die neuste Mode auf Brauchbarkeit für unsere Jahrgänge zu prüfen. Erstens macht es Spaß und zweitens steht es uns bestens.

Auf Nummer sicher gehen wir derzeit mit Jeans im Alltag, aber auch lässige Hosenanzüge und Kostüme passen perfekt zu uns – vorausgesetzt, sie stammen nicht aus unserem Depot, das noch aus den Achtzigern übrig geblieben ist. Wer zu lange Jacken mit zu dicken Schulterpolstern trägt, weil das Material so wertvoll und das Ganze so teuer war, tut sich keinen Gefallen. Bleibende Stücke gibt es selten. Darum nicht für zehn Jahre kaufen. Hosenschnitte ändern sich, Taillen und Bündchen wandern nach unten und wieder nach oben, und es ist eben nicht egal, ob der Blazer tailliert ist oder oversized. Der Witz an der Mode ist ja, dass wir alles tragen, alles kombinieren können – wir müssen es nur eben *können*. Nicht leicht, sich von einmal gelernten goldenen Regeln zu trennen. Schwarz und braun – früher verboten, alle Lederteile, Schuhe, Tasche, Gürtel hatten eine Farbe – heute ist Farbenmix lässig. Türkises T-Shirt und olivgrüne Baumwolljacke drüber – das beißt sich längst nicht mehr, es sieht zufällig aus, lässig, cool. Wie bleibt man dran an der Mode, um nicht altbacken zu werden? Wer optisch interessiert und begabt ist, sagt eine Mode-Redakteurin, nimmt Signale ununterbrochen auf und kann sie dann, wenn er im Laden steht, für eine stilsichere Wahl nutzen. Wer sich schwerer tut, kann Modezeitschriften durchblättern und bewusst auf sich wirken lassen. Irgendetwas, das zu uns passt, bleibt immer hängen. Dabei imitieren wir nicht Models, das wäre kontraproduktiv, sondern wir schärfen den Blick für Dinge, die uns später in den Geschäften begegnen. Dort treffen wir das Urteil: Passt zu mir, passt nicht zu mir.

Ab 50 ist es sinnvoll, sich mehr Zeit für die Mode zu nehmen und nicht weniger, wie manche vielleicht denken. Wir können nicht wahllos alles tragen, was der Markt hergibt, sondern wählen gezielt und gekonnt aus. Sich von der Mode abkoppeln – das wäre gefährlich, wenn man sich noch nicht aufs Altenteil zurückziehen will.

Schöne alte Models

Dass sich etwas in der Mode tut, sieht man an den älteren Models, die uns immer öfter in Anzeigen und Magazinen begegnen. Catherine Deneuve als Werbe-Ikone von L'Oréal ist nur die Spitze des Eisbergs. Lachfalten gelten auf Modefotos als Beweis für Lebensart. Anspruchsvolle italienische Marken wie Moschino, Mila Schön und Romeo Gigli wählen für ihre Kampagnen Persönlichkeiten, denen man Denken und Fühlen ansieht. Ein Trend, der bereits eine Menge Agenturen für Senior-Models hat entstehen lassen. Models wie Harriet Close, Jahrgang 1952, einst das Gesicht von »Oil of Olaz«, und Susanne Schöneborn, Jahrgang 1942, die lange für Chanel und Dior gearbeitet hat, haben wieder gut zu tun. Und zwar nicht als Klementine-Faktotum, sondern als Frauen, mit denen sich andere identifizieren können. Zum Beispiel hat Nivea 1994 als erste Marke eine Hautpflege-Linie für die reife Haut auf den Markt gebracht: mit der weißhaarigen Susanne Schöneborn als optisches Zugpferd. Die alte Faustregel, dass Models mit Ende 20 abdanken müssten, gilt heute nicht mehr. Es gebe eine Durststrecke, sagen die beiden Model-Oldies. Nämlich zwischen 30 und 40, wenn man für die jungen Jobs zu alt und für die reiferen Themen noch zu jung sei. Das ist die Zeit, in der Models Kinder kriegen – bevor man sie zehn Jahre später in Werbespots und auf Katalogseiten wieder sieht.

Ihre Schönheit führen beide Frauen darauf zurück: Wir sind lange im Geschäft, wir sind bodenständig. Wir haben Familie und ein Leben neben dem Job. Und sie haben Disziplin. Dazu gehört: jeden Abend abschminken. Und ab und zu an die Rudermaschine oder als Hobby reiten. Ihre Aura, meint Harriet Close, komme von innerer Schönheit, Ausstrahlung, Lebensfreude, Aufgeschlossenheit. Wichtiger als die Falten um die Augen sei eine elegante Haltung und Gelassenheit. »Darum werden wir im Grunde genommen immer besser.«

Zukunft: Warum wir das Beste daraus machen

»Die Vergreisung und Überalterung findet nicht statt.«

Stefan Bergheim

Alles ist offen

Es ist nicht leicht, immer wieder an sich zu glauben, immer wieder Mut zu haben, immer wieder etwas anzufangen. Aber wir haben keine Wahl. Mit 50 haben wir im Schnitt noch 30 Jahre vor uns – viele von uns sogar mehr. Jetzt abzuschlaffen, würde heißen, den Hundertmeterlauf nach 50 Metern aufzugeben.

Bald sind wir in der Mehrheit. In zehn Jahren wird jeder dritte Deutsche älter als 50 sein. Ab 2030 wird ein Drittel der Deutschen über 60 Jahre alt sein. Das muss keine vergreiste Gesellschaft bedeuten. Denn wir können etwas völlig Neues schaffen. Wir sind die erste Frauengeneration, die in diesem Alter außer der Oma-Option eine Riesenpalette weiterer Handlungsmöglichkeiten hat. Wir können beruflich noch mal durchstarten, eine Firma gründen oder kürzer arbeiten und dafür als Seniorinnen Kunstgeschichte studieren.

Wir können nach der Familienphase eine WG gründen, die erste eigene Wohnung anmieten ganz für uns allein, das Haus am Stadtrand verkaufen und in die City ziehen. Wir dürfen uns aus unerträglichen Ehezwängen verabschieden, mit einem anderen Mann neu anfangen, endlich nur an uns denken, allein verreisen oder mit Freundinnen. Das volle Programm Leben steht uns offen. Und das Schöne: Alles, was wir aktiv tun, macht Älterwerden leichter und hält länger gesund.

Natürlich dürfen wir auch im Schlabberpulli auf der Ofenbank sitzen und Socken stricken. Hauptsache, wir stehen zu uns. Bleiben uns treu. Und stecken uns hinter den Spiegel, was Erica Jong gesagt hat: »Mit 50 bekam ich die Ausgeglichenheit, die ich aus meiner Kindheit kannte, mit Dividende zurück … Nennen wir sie Gelassenheit, nennen wir sie Weisheit.«

Altern ist kein hartes Schicksal. Es ist das Leben selbst. Täglich, stündlich, minütlich. Und es geschieht so, wie wir es machen. So traurig, so fröhlich, so arm, so reich, so eng, so weit. Deswegen ist Angst vor dem Alter Unfug. Vorsorge ist wichtig. Und natürlich nicht nur bei der Rente. Es ist so jämmerlich, diesen öffentlichen Diskussionen zuzuhören: Altersvorsorge wird nur als finanzielles Problem dargestellt. Dabei ist die Rentenfrage sofort als nachgeordnete Frage zu erkennen, wenn wir lange geistig und körperlich fit bleiben und demzufolge länger arbeiten können. Geld im Alter zu haben, ist wichtig, aber wichtiger ist, es so lange wie möglich selbst beschaffen zu können. Hirnforscher vermuten nach ihren neusten Erkenntnissen, dass der Denkapparat sich bis zum Tod entwickelt und in gewissem Maße regeneriert: Ein interessanter Job hält demnach lange gesund – und der vorgezogene Ruhestand ist möglicherweise ein fataler Schritt in Richtung Verdummung und Vergreisung. Was nützt dem

Alten Geld, das vom Pflegeheim geschluckt wird, weil er einfach nicht mehr allein mit dem Leben fertig wird?

Für uns heißt das, Vorsorge ist, *jeden* Tag gut zu leben. Jeden Tag genießen, viel für sich und für andere tun, frei von Angst bleiben – und unser Alter wunderbar finden. Denn nie mehr sind wir so jung wie heute. Peter Ustinov hat es so ausgedrückt: Heute sind die guten alten Zeiten, von denen wir in zehn Jahren schwärmen werden. Das stand neulich als Spruch des Tages auf der Tafel in meinem Fitnessstudio.

Zurück zur WG

Die letzte Wohnung – über die müssen wir uns jetzt schon mal Gedanken machen. Wir werden ganz gewiss nicht im Lehnstuhl dicht vor der Bildröhre sitzen und einnicken, nachdem wir uns Tee auf den Busen geschüttet haben. Warum? Weil wir jetzt schon wenig fernsehen. Und weil wir ganz anders alt werden. Tee verschütten, mag sein, das kann passieren. Aber Langeweile und Stumpfsinn, das eher nicht. Wir wollen auch nicht in Heime, wie wir sie jetzt leider kennen.

Manchmal, wenn meine Freundin Ilka und ich keine dringenderen Probleme diskutieren müssen, wenn gerade keine von uns Liebeskummer oder Geldsorgen oder Kummer mit den Kindern hat, träumen wir von der Zukunft. Natürlich stellen wir sie uns in ganz weiter Ferne vor. Und natürlich sind wir dann alt. Richtig alt. Und wir gruseln uns nicht. Vor fünf Jahren noch, da haben wir gedacht: Werden wir auch mal so?, wenn wir unsere alternden Eltern gesehen haben. Jetzt sind wir ein Stück weiter. Es zeigt sich: Bis jetzt sind wir nicht *so* geworden, wie sie es mit 50 waren. Warum sollten wir es also später? Wir sind es gewöhnt, alles neu zu machen, in jedem Lebensalter haben wir Unbekanntes ausprobiert. Wir sind in das Kommunikationszeitalter hineingewachsen, wir haben uns angewöhnt, uns wichtig zu nehmen, und wir wissen, was uns gut tut. Unsere Eltern hatten für sich keine Zeit. Sie haben geackert, manche haben Wohlstand über alles gestellt, manche wollten die Welt verbessern, andere haben sich Pfründe und Privilegien gesichert. Ihre Gesundheit haben sie aufgebraucht, als könnten sie sich eine neue kaufen, Wünsche auf später verschoben, und sie merken nun: Es ist für vieles zu spät. Viele haben aufgegeben, als die Welt nicht so wollte, wie sie sich das einst vorgestellt hatten. Und die Welt hat ihnen auch wirklich die rote Karte gezeigt – runter vom Platz! Das ist hart. Und wir können es nicht verhindern. Wir können nur draus lernen und es anders machen. Wie wir alt werden, entscheidet sich heute, morgen, jeden Tag. Mit jedem Schritt, den wir gehen, bereiten wir den nächsten vor. Wir wissen vor allem, was wir nicht wollen! Achten auf Gesundheit, machen immer weniger faule Kompromisse, pflegen uns, arbeiten engagiert, aber nicht zu ehrgeizig, investieren in unsere Kinder und in unsere Freundschaften.

Wenn wir uns unser Alter ausmalen, sehen meine Freundin Ilka und ich viele Menschen um uns herum – unsere Alters-WG. Der Gedanke: Es ist doch absurd, ausgerechnet im Alter allein zu sein. Auch zu zweit ist nicht genug Leben für Ältere. Alte Paare haben sich ja alles erzählt, haben längst neurotische Spielchen eingeübt, Gewohnheiten, die ihnen oft mehr schaden, als die gewohnte Gemeinschaft wieder gutmachen kann.

Auch brauchen wir mehr Hilfe, als sie ein einzelner, gebrechlicher Partner geben kann, wenn die Kräfte irgendwann nachlassen. Und wir brauchen statt weniger Abwechslung im Alter mehr Unterhaltung – denn wir arbeiten ja meistens nicht mehr so viel.

Die Vorstellung, eines Tages als lustige Alte die Ressourcen zusammenzulegen, macht Spaß. Allein dafür ist die Alters-WG gut: Eine Fantasie zu haben, die das Alter positiv färbt und die Gruselvorstellungen vertreibt, die von vielen Alten ausgehen.

Wir stellen uns vor: Der eine kann gut kochen, der andere mag gärtnern, einer liebt nach wie vor das Einkaufen, eine andere liest hinreißend vor, sogar ab und an eigene Geschichten. Die Männer, soweit noch vorhanden, sind von der unlösbaren Aufgabe entbunden, unsere einzige und wichtigste Unterhaltung zu sein. Wir können sie teilen – als männlichen Gegenpol, dessen totale Abwesenheit ja für viele alte Frauen oft so traurig ist. Auch die Fürsorge der Kinder können wir teilen. Ihre Söhne bringen uns die neusten Filme auf den großen Flachbildschirm, den wir gemeinsam anschaffen, und wickeln die Finanzgeschäfte ab, besorgen kostengünstige Handy-Verträge und die besten Online-Anbieter, meine Tochter schneidet allen die Haare und bringt gleich die Kosmetikerin mit, mein Sohn wartet und modernisiert die Telefon- und Computertechnik. Marias Tochter kann mit uns Tai Chi machen und uns einen guten Physiotherapeuten und Arzt empfehlen.

Warum wir auf derartige Hilfe setzen? Die Jungen werden es lieben, zu uns zu kommen. Wir werden keine einsamen, verbitterten Alten sein, deren Lebensinhalt es ist, auf sie zu warten. Es wird ihnen ein Vergnügen sein, gleich mehrere Alte mit den eigenen Fähigkeiten zu beglücken – schließlich kennen sie uns noch als junge Frauen. Eine Art Selbsthilfe-WG von Alten zu unterstützen, und zwar in Arbeitsteilung mit anderen Jungen – die Vorstellung ist nicht halb so anstrengend, wie eine unglückliche, einsame Alte von ihrem Elend ablenken zu müssen.

Wissen unsere Kinder uns dereinst gut aufgehoben, weil wir uns selbst gegenseitig helfen können, werden sie genau das tun, was sie jetzt schon tun. Uns besuchen, uns helfen, bei Dingen, die sie besser können. Mit uns lachen, uns zuhören – vielleicht ihre Kinder mitbringen? Wir wollen zeichnen, Musik machen, denken, reden, vielleicht unsere Klamotten tauschen wie früher. Wandern, Sport machen, gut essen. Natürlich gehen wir davon aus, viel Platz zu haben. Und eine Gartenlandschaft drum herum. Und genug Geld, weil fünf Renten und fünf Lebensversicherungen natürlich eine Menge sind.

Natürlich träumen wir nur. Aber vom Alter träumen ist auf alle Fälle lustiger, als sich davor zu fürchten. Uns ist klar, dass wir nur gewinnen können, wenn wir auch etwas verlieren. Das eigene Haus zum Beispiel, das eines Tages sowieso nicht mehr allein zu halten sein wird. Warum die ganze Lebensversicherung in sechs Zimmer stecken, von denen ich nur noch zwei bis drei brauche? Klar wird es nicht einfach, sich von Gewohntem zu trennen, aber müssen wir es nicht sowieso irgendwann? Und haben wir es nicht längst geübt – zum Glück? Wir setzen auf die Flexibilität, die wir heute haben, wir trainieren sie, wir haben die Gefahren kritisch im Blick: Unbeweglichkeit und Starrköpfigkeit. Die größten Unglücke des Alters. Die krankmachen. Die dafür sorgen, dass das Leben uns als Feind begegnet. Dass die Welt sich desinteressiert abwendet. Dass andere für uns entscheiden. Dass man uns beiseite schiebt. Jeder, der sich die Alten ansieht, weiß, was er nicht will. Wir können also von ihnen lernen. So wie wir sie einst stehen gelassen haben, als wir gegen den Willen der Eltern ausgezogen sind, den falschen Mann geheiratet haben, unsichere Berufe studiert und uns unmöglich angezogen haben – so werden wir auch jetzt ihren vorgezeichneten Weg verweigern. Unser Mitgefühl haben sie, es sind unsere Vorfahren, aber unsere Gefolgschaft haben sie nicht, hatten sie nie.

Keine Angst mehr

Deswegen ist die Angst vor der alternden Gesellschaft, in der die über 50- und bald sogar die über 60-Jährigen die Mehrheit bilden, so unlogisch. Frank Schirrmacher, der Autor des Bestsellers »Das Methusalem-Komplott«, machte mit seinen Visionen von der Erde als »riesiges Altersheim im All« Furore. Er warnte und hatte natürlich völlig Recht: Wir müssen *jetzt* handeln. Wir müssen die Vorstellungen des Alters aus der Steinzeit – wo sie jetzt sind – in die Zukunft holen. Er schreibt: »Unser Altern wird nicht gemütlich sein. Es wird keine Ohrensessel, Kaminfeuer und Vorratskammern geben. Wir können nicht zu Hause bleiben. Wir müssen losziehen, solange wir noch stark und selbstbewusst sind ... Selten hat eine Gesellschaft so klar sagen können wie die unsere: Wir müssen in den nächsten 30 Jahren ganz neu lernen zu altern. Oder jeder Einzelne der Gesellschaft wird finanziell, sozial und seelisch gestraft. Es geht um die Befreiung jenes unterdrückten und unglücklichen Wesens, das wir verdrängen und das heute noch nicht existiert. Es geht um unser künftiges Selbst.« Damit will der Autor die heute 30- und 40-Jährigen aufrütteln. Wir 50-Jährigen sind schon einen Schritt weiter, wir haben unsere Endlichkeit schon in den Knochen. Wir sind die Ersten, die das weite Feld des Alters neu betreten. Wir haben es in der Hand, es muss anders gelingen als denen vor uns. Und wir haben keine Angst.

Freundschaft und Solidarität

Familie, Wohlstand und Schönheit waren uns wurscht, als wir aufgewühlt gegen den Vietnamkrieg demonstriert haben. Uns ging's um Weltgeschichte. Wir liebten unsere Freunde und die Idee von der Solidarität. Eine gute Basis für unser Älterwerden: Freunde und Solidarität. Seltsamerweise sind diese Werte bei vielen Alten heute nicht sehr ausgeprägt. Das haben sie in der Jugend nicht gehabt, nicht gelernt. Wir schon.

»Wenn ich Geld hätte ...«, so fängt meine Freundin Rosi öfter einen Satz an. Dann würde sie den Buchladen nebenan leer kaufen, sie würde ihrer Tochter Ohrringe schenken, würde verreisen. Rosi lebt von Hartz IV. Sie sieht gut aus, trägt Kleidung aus besseren Zeiten, ist belesen und gepflegt – und sie ist ein Sozialfall. Wer mit ihr essen gehen will oder ins Kino, muss für sie mitbezahlen. Kein Problem. Das gehört zur Freundschaft, zum Leben, zum Älterwerden. Je länger wir leben, desto mehr driften Lebenswelten auch auseinander. Freunde können krank werden, Freunde können arm werden. Und sie bleiben Freunde.

Solidarität, altes Wort, aber coole Haltung – ein Wert, den die alternde Gesellschaft dringend braucht. Aber nicht nur, weil eine Generation der anderen die Rente erarbeitet. Das tut sie nicht freiwillig, es ist nicht ihre Entscheidung. Es geht um unsere Haltung zu dem, was uns umgibt: Acht Millionen Menschen sind es, rechnen Wohlfahrtsverbände vor, die bei uns unter der Armutsgrenze leben. Fünf Millionen ohne Job. Alte. Kranke. Es werden mehr werden, die auf Hilfe angewiesen sind! Der Staat hebt die Hände, er wird unzuverlässig. Heute müssen die, die am wenigsten haben, prozentual am meisten abgeben. Verantwortung ist gefragt. Nein, nicht immer nur die der anderen. Die eigene! Und das kann eigentlich nur heißen: Abgeben. An andere denken – das wird wieder in sein, wenn wir alt sind. Wir können Geber und Empfänger sein von neuer Mitmenschlichkeit. Am besten jetzt schon. Es nutzt unserem eigenen Leben. Eine Mutter Teresa ist niemals für ihr Hinfälligkeit verachtet worden, ein Einstein auch nicht – es sind nicht die Schrumpellider und die weißen Haare, nicht die gebrechlichen Gehäuse, die Menschen von der Welt trennen und abwerten, wie der Autor vom Methusalem-Komplott behauptet, sondern veraltete Denkweisen, überholte Lebenshaltung. Kann man dem vorbeugen? Man muss!

Alles hat seine Zeit. Jetzt pflanzen wir Rosen, die in fünf Jahren groß sind, und kämpfen um gute Aufträge im Job. Wir investieren in die Ausbildung der Kids, es geht immer noch und schon wieder um den passenden Lebensgefährten und die beste Diät. Noch gehört uns unser Job, noch unsere Gesundheit, unsere Kraft. Wir tun eine Menge dafür, aber es *kann* so nicht bleiben. Damit haben sie uns schon in der Abiturstufe gequält, als wir den »Faust« gelesen haben: Alles, was besteht, ist wert, dass es zu Grunde geht. Wirklich begriffen haben wir das nicht. Ich weiß nur, dass ich dachte: Warum eigentlich Mathe pauken, wenn ich sowieso eines Tages zu Staub zerfalle? Dann hat der Pragmatismus gesiegt und der Wunsch, jeden einzelnen Tag zu erleben. Mathe pauken inklusive. Jetzt wissen wir, wie die Dinge fließen, wie sie werden und zugrunde gehen. Abschiede hat es schon mehrere gegeben und die berühmten Einschläge kommen näher. Der endgültige Abschied von den Eltern ist oft der erste Cut. Danach sind wir dran. Wann, das wissen wir nicht. Gut oder schlecht? Natürlich beides!

Es wird sich zeigen, ob wir flexibel, mutig und innovativ genug sind, eines Tages *alles* zu ändern. Es gibt viel Grund zum Optimismus: weil wir das schon immer getan haben. Wir werden zwar älter und noch älter – aber wir verlieren unsere inneren Qualitäten nicht. Verachtung für unseren verbrauchten Körper, wie Schirrmacher es vorher sagt – warum? Verachtung für eine mächtige Mehrheit? Die Lebenserwartung von Amerikanern und Europäern wächst jährlich um drei Monate. 100-Jährige sind längst kein seltenes Wunder mehr. Es ist gut, dass Altwerden jetzt auch wissenschaftlich betrachtet wird. Jungsein kennt jeder, Altwerden ist neu. Und die in Mode gekommenen Gruselszenarien sind dazu da, um uns zu bestätigen: So wie es war, kann es nicht bleiben. Wir brauchen neue Ideen vom Alter. Es gibt sie nicht als Theorie, wir müssen sie praktisch als Altersrevolution starten. Mit uns selbst als Versuchstier.

Zurück zur WG könnte *ein* Weg sein, um nicht eine dieser Elendsgestalten zu werden, die uns heute im Fernsehen immer präsentiert werden – als Kostenfaktoren und Schreckgespenster. Ihr Schicksal ist besiegelt. Unseres nicht. Wer in unserer geträumten Alters-WG pflegebedürftig wird, hat genug mitfühlende, verständnisvolle andere um sich herum, die diese und jene Hilfe leisten können. Und unsere finanziellen Ressourcen sind gemeinsam auch effektiver für eventuell notwendige Pflegedienste einzusetzen.

Aber wer weiß – vielleicht fallen uns ja bis dahin noch ganz andere Ideen ein, wie wir unser Alter gestalten können. Unseren Vorgängern folgen wir jedenfalls nicht aufs langweilige, verhasste Altenteil. Es gibt bisher kein Vorbild für ein würdevolles und lustvolles Alter. Das müssen wir uns erst noch selbst schaffen. Es sollte eigentlich kein Problem sein für Leute, die einst das Jungsein neu erfunden haben. Und es ist eine spannende Zukunftsaufgabe, an der jeder mitarbeiten kann, unser Alters-Projekt: Der neue Plan von Älterwerden.

Register